尽善尽  弗求弗迪

人人都要学的个人IP打造法

云蔓
著

電子工業出版社
Publishing House of Electronics Industry
北京 · BEIJING

内 容 简 介

本书主要解决三大问题。

一是为什么人人都需要打造个人 IP。因为它是普通人成长、逆袭的最好方式。

二是究竟什么才是个人 IP。它不是标签，不是虚假人设，而是每一个普通人的差异化价值之所在，是每个人的特质与优势的具体表现。

三是普通人如何打造个人 IP。本书给出了普通人从 0 到 1 打造个人 IP 的“六步法”，按照该方法，普通人也可以轻松上手，打造自己的个人 IP，让自己的个人价值实现跃迁。

图书在版编目（CIP）数据

人人都要学的个人 IP 打造法 / 云蔓著. —北京：电子工业出版社，2023.1
ISBN 978-7-121-43854-7
Ⅰ. ①人… Ⅱ. ①云… Ⅲ. ①网络营销 Ⅳ. ① F713.365.2
中国版本图书馆 CIP 数据核字（2022）第 198607 号

责任编辑：黄益聪　　特约编辑：田学清
印　　刷：三河市兴达印务有限公司
装　　订：三河市兴达印务有限公司
出版发行：电子工业出版社
　　　　　北京市海淀区万寿路 173 信箱　　邮编：100036
开　　本：880×1230　1/32　印张：8.25　字数：178 千字
版　　次：2023 年 1 月第 1 版
印　　次：2023 年 10 月第 3 次印刷
定　　价：59.00 元

凡所购买电子工业出版社图书有缺损问题，请向购买书店调换。若书店售缺，请与本社发行部联系，联系及邮购电话：（010）88254888，88258888。

质量投诉请发邮件至 zlts@phei.com.cn，盗版侵权举报请发邮件至 dbqq@phei.com.cn。

本书咨询联系方式：（010）57565890，meidipub@phei.com.cn。

最好的赚钱方式是让自己值钱

《南方周末》2008年的新年献词中有一句话："无论你是何种角色，都不要被历史的大潮淹没，或者冲刷去你的独立存在。至少你要在大时代中做个坚强的小人物，在狂欢夜中做个自由的舞者！"

"在大时代中做个坚强的小人物"，这听起来似乎很悲壮，可我却觉得这是在鞭策我们去做更积极的事情。我所理解的坚强，不是让我们一定要奋力披荆斩棘、乘风破浪，而是我们应该在广阔的时代舞台上找到自己的位置，感受自我价值，并且享受自己站在上面的每分每秒。前路是变幻莫测的，可脚下的路却是我们可以牢牢掌握的。只要我们存在，就拥有独特的价值。如何让自己存在？认识到自己的价值就是我们存在于时代舞台的根本。

如何认识这个千变万化的时代？如何在跌宕起伏中寻找到生命的价值？这两个问题是我打造个人品牌的立足点。

谈到打造个人品牌，或许有人会心生疑惑：我既不是明星大腕，也不是政商大佬，更不想做"网红”，只是一个普通人，每天两点一线，上班下班，为什么要打造个人品牌?

我在初次向身边的人传达这个观点时，也引起了很多人的不解。他们身份各异，但都没有意识到打造个人品牌的重要性。

程序员会说:“我的工作就是写代码，每天都对着电脑，不需要打造个人品牌。”作家会说:“我只要写出好作品就行了，其他的都不重要。”建筑设计师会说:“我每天都在画设计图、跑施工场地，哪有时间做这些?”文员会说:“我每天要帮老板端茶倒水、打印文件，把这样的事情分享出去也没有人会喜欢吧。”管理者会说:“我是一个管理者，不搞哗众取宠的事情，不然在下属面前没有威信。”

…………

这些话听起来很有道理，但事实上他们都误解了打造个人品牌的意义。在自媒体发展日益蓬勃的当下，几乎所有人都想当然地认为打造个人品牌就是运营自媒体账号，吸引粉丝，成为“网红”。

事实上，并不是只有广泛传播知名度才能称为打造个人品牌。个人品牌并不是什么高深莫测的东西，个人品牌包含的三大维度——核心技能、外在形象、个人特质，是每个人都具有的。打造个人品牌，就是将这些东西放大，形成具有差异化和竞争力的个人品牌形象。

那些打造出个人品牌的“网红”“大V”们，也只是一个个普通的人，他们将自己的基础特征放大，并围绕这些特征不断宣传、推广，才在我们心中留下了深刻印象。比如，我们常见的农村生活类博主，他们拍摄的视频就是围绕家长里短、生活琐事展开的，长期接触这样的视频，我们只要一想到农村生活，就会想起这类博主。

那么，普通人需要放大自己的基础特征，打造个人品牌吗？当然需要。因为打造个人品牌最终要形成具有差异化和竞争力的个人品牌形象，这对每个普通人来说也十分重要，**人人都需要打造个人品牌**。

事实上，说自己不会打造个人品牌的人，或多或少也为打造个人品牌努力过，可以说**人人都在打造个人品牌**，只是他们没有意识到。

比如，程序员虽然每天只会埋头写代码，但如果他的工作能力很强，写出的代码很少出现漏洞，那么他在领导、同事心中的印象就是专业能力强、做事靠谱，这就是他的个人品牌；作家写出的作品如果是充满新奇想象的科幻小说，那么在读者心中，这个作家的个人品牌就是想象力丰富的科幻小说家；建筑设计师就更不必提了，几乎每位建筑设计师都有自己擅长打造的建筑风格，他们每设计一栋建筑，这栋建筑都有可能成为其个人品牌的重要宣传产品；文员虽然只从事简单的工作，但如果他能够将简单的工作做得井井有条，让公司离不开他，也是打造出了自己的个人品牌；管理者在下属面前树立威信，或者辅导下属工作，都彰显了其自身独特的管理风格……

由此可见，个人品牌并不像我们想象的那么“高大上”，只要我们能够有针对性地为自己打造一个正面的、具有差异化和竞争力的个人形象，就等同于树立了个人品牌。

看到这里，很多人心中想必产生了新的疑问：我们既不会包装自己，也不知道自己擅长什么，更不会宣传自己，我们打造的个人品牌的影响力并不大，该怎么办呢？

这便是本书出版的最大目的——让**人人都能打造个人品牌**。

本书共分为六章，第 1 章帮助我们升级认知，明白人人都需要打造个人品牌；第 2 章帮助我们进行个人定位，明确我们的个人品牌该往什么方向发展；第 3 章告诉我们怎样输出内容，维护个人品牌价值；第 4 章阐述如何扩大个人品牌的传播，提升个人品牌的知名度和影响力；第 5 章告诉我们怎样转化影响力，让个人品牌的影响力变现；第 6 章说明如何持续迭代，延长我们个人品牌的生命周期。

这是一本阅读完就能立刻上手的书，每一个不知道怎么打造个人品牌的普通人，在阅读本书后，都可以对打造个人品牌建立清晰的认知，并轻松地开始实操。

本书的每一章内容，都由我与团队打磨多年的课程转化而来，是每一个普通人打造个人品牌的有效方法。每写完一章内容，我都会要求团队成员阅读，对于在读完之后他们不明白的地方，我再加以改进，力争让每位读者都能**一看就会、拿来就用**。

电影《肖申克的救赎》中有一句台词，让人感触颇深，即“**每个人都是自己的神。如果你自暴自弃，还有谁来救你**”。在时代的困境、人生的颠簸之下，每个人无论如何，都不能放弃自我，放弃发光发热的可能。只有生生不息地成长，通过打造个人品牌突出重围，才能冲破命运之网。

目录

第1章

80%、99%与100%：

你为什么需要打造个人品牌

第 2 章

“三定法”：你与其他人有何不同

第 3 章

内容公式：你该如何输出优质内容

第 5 章 三大变现渠道：怎样快速变现

第 6 章 三大迭代：如何让个人品牌产生复利价值

第 1 章

80%、99%与100%：

你为什么需要打造个人品牌

一听到“品牌”二字，许多人就会皱起眉头，频频摆手：“这与我们有什么关系？我们在家庭与单位的两点一线中默默往来，生活与工作都跳不出自己最熟悉的那个圈子，需要面对与接触的人都认识自己、熟悉自己，哪里还需要考虑个人品牌这么讲究的东西？”殊不知，这些看上去很有“自知之明”的认知却是完完全全的误读，既误读了个人品牌的意义，也误读了自己的价值——每一个人都具备拥有“个人品牌”的底气。

1.1 80% 的人不知道什么是个人品牌

什么是个人品牌？80% 的人回答不出来。

它是一个代号，还是一个虚拟品？它是一个新兴的价值概念，还是一个“无病呻吟”的累赘标签？在许多人的眼里，个人品牌是一个再熟悉不过的话题，可又好像是一个自己从未真正了解的领域。我们对它的忽视正是因为对它的不够了解。如今，**个人品牌早已与每一个普通人息息相关**，只有真正地了解它、重视它，我们才能真正开启与它亲密相处的大门。

1.1.1 悄然而至的个人品牌时代

随着时代的发展，个人品牌经历了五个发展阶段，已经从少数人的“专利”演变为大众的“宠儿”。

1. 1.0 阶段

个人品牌 1.0 阶段是伴随着电脑与互联网在国内的普及到来的，那时因各方面的技术才刚刚起步，网络上承载记忆与相互交流的方式还很简单，参与线上交流的人群也非常有限。以文字交流为主的各个论坛、社区，几乎是大家网上冲浪的全部，参与其间的网友，基本上为生活水平较高的人群。

作为在这一时期接触到电脑与网络的网友，受限于网络技术与自身生活阅历，他们热衷于在半私密的个人博客或同好聚集的论坛，记录与分享自己的生活、想法与故事。这种氛围逐渐催生出许多文字类的"红人"，他们在网络上再现自己脑海里的思绪，以此收获了一部分粉丝。

1998 年，中文网络上出现了第一部网络连载小说——《第一次的亲密接触》。这部网络小说的出现点燃了许多网友的热情，同时也点亮了不少网站的眼睛。一时间，众多网站纷纷转载这部网络小说，将这部本就受人瞩目的小说推上了更加红火的位置。风靡整个中文网络环境的《第一次的亲密接触》，成为中文网络文学史上不可忽视的一座里程碑，也让作者痞子蔡成为以文字创造个人品牌的第一人。

网络文学就此进入大家的视野，它为更多普通人提供了打造个人品牌的"捷径"。安妮宝贝、今何在等一众至今仍然被我们所熟知的作家都发家于此时，榕树下、红袖添香、起点中文网等鼎鼎大名的文学网站也基本都涌现于此时。

2. 2.0 阶段

随着互联网相关技术的成熟，个人品牌 2.0 阶段翩然而至。这一时期，大量初具创新力且接受、吸收了全球流行文化的年轻人正迅速加入互联网大军。此时，网友们不再满足于纯粹的文字内容，图片与视频成为更加吸引大众眼球、更方便网友进行创意内容输出的形式。在这一时期成功创造个人品牌的普通人里，尤以“后舍男生”最为精彩。

“后舍男生”是在 2006 年依靠视频成就的个人品牌。两个男大学生在宿舍内运用夸张的表情与肢体动作，对口“翻唱”欧美男子组合后街男孩的经典曲目，新颖的形式让“后舍男生”在中文网络环境中爆火。“后舍男生”，在 YouTube 也收获了不俗的关注度，成为名副其实红遍海内外的个人品牌。一时间，国内各大媒体纷纷向“后舍男生”递出邀请函。

这一时期个人品牌更多的特点是“出其不意”，许多在此前未曾出现过的新鲜内容受到了大众追捧。

3. 3.0 阶段

2009 年，微博横空出世，这标志着“快餐”时代的来临——人们不仅在消费方式上逐渐追求快餐体验，在阅读、记录等生活习惯上也开始追求速度，个人品牌稳稳当当地进入 3.0 阶段。

当所有人都逐渐对博客、论坛上的长篇大论丧失热情的时候，网络技术的进步与网络普及度的提升，让“冲浪”门槛大幅降低，越来越多不同学历、不同阅历的普通人开始在网络上消遣时光，各种各样的段子手逐渐在微博崭露头角，见解独到、妙趣横生的人逐渐成为备受大众关注的对象。闲时看一些三言两语却一针见血的段子，成为大家最感兴趣的休闲方式。

与此同时，诸多行业“大咖”纷纷开通微博账号，通过丰富的图文形式向大家展示自己的个人魅力。名人的个人品牌打造形式出现了革新，越来越多的人不再单纯因为某个角色或某一作品喜欢上一位名人，他们开始关注名人的性格与生活，会因为名人自身的人格魅力进而支持其相关作品。

4. 4.0 阶段

很快，之前的个人品牌打造形式逐渐进入了瓶颈期，同质化的问题再一次出现。就在此时，直播与短视频这两种新形式出现，配合着智能手机的全民普及，在人人都能随时随地上网的大环境之下，推动个人品牌的发展进入 4.0 阶段。

4.0 阶段的个人品牌，无疑是目前我们最为熟悉的个人品牌。无论是因个人短视频成名，并最终建立团队，成立 Papitube 这个短视频 MCN[①] 机构的 Papi 酱，还是因游戏讲解与直播成名，参与各大热门网络综艺，并成功登上 2020 年央视网络春晚的逍遥散人，无疑都是个人品牌 4.0 阶段的优秀范例。

---

① MCN：Multi-Channel Network，多频道网络，平台认证的个人品牌孵化机构。MCN 为个人品牌提供流量引导、分发渠道、内容开发、专业技巧培训、曝光机会等，制造、经营个人品牌。

5. 5.0 阶段

现在的我们虽然还沉浸在个人品牌 4.0 阶段的精彩中，但或许不少人已经发现，个人品牌 5.0 阶段已经默默地来到了。

如今我们面对的，是比过去二十多年更为复杂和精彩的多元化互联网时代，自媒体甚嚣尘上，短视频平台、内容社区、社交平台等各种应用软件，使我们能够更快速地获取信息，也能够更轻松地向整个世界展示自己。如果说前面的个人品牌的发展阶段不知不觉地将主角限定在了一部分特别优秀的人中，那么个人品牌 5.0 阶段最大的亮点便是“全民主角”。

当所有人都能入局时，那么打造个人品牌便成为每一个人的使命。正如查建英在《弄潮儿：中国崛起中的行动者和推动者》中写道：“既然生活就是行动和激情，那么它就要求一个人应当参与他生于其中的那个时代的行动，分享那个时代的激情。否则，他将冒着被认为不曾生活过的危险。”

上至一呼百应的企业家，下到以小家为生活核心的家庭主妇，每一个人都能打造，也都需要打造个人品牌。个人品牌代表着我们可以主动向世界承诺自己的价值，而不是被动地等待他人对我们分类、打分。

美国著名管理学者汤姆 · 彼得斯曾说：**“21 世纪的工作生存法则，就是建立个人品牌。”**对尚未成功、还在追求自我梦想的人而言，个人品牌是奔跑路上的加速器；而对已经手握成功的人来说，个人品牌是助其升值、保值的稳定器。显然，个人品牌将成为每一个人在 21 世纪工作、生存的必要力量。

1.1.2 什么是个人品牌

个人品牌，也就是我们常提到的个人 IP[①]。它在我们的生活中随处可见、随时可闻，但当我们需要认真思索什么是个人品牌时，不少人会发现自己很难准确地解释什么才是个人品牌。

1. 个人品牌的含义

在解释个人品牌是什么之前，我们需要先回顾一下品牌的含义。

科特勒在《市场营销学》中将品牌定义为“销售者向购买者长期提供的一组特定的特点、利益和服务”。而在大众的普遍认知中，品牌是指消费者对某款商品及其相关系列的认知程度：狭义上，它意味着要对自己的商品从理念、行为、视觉、听觉上进行规范；广义上，它是一种具有经济价值的长期性无形资产，能通过特有的、抽象的、易识别的综合性概念表现自身的差异性。

品牌承载着大众对商品和服务的认可，它并不是一个单方面输出的东西，而是品牌持有方与消费者在消费行为中相互磨合的产物。比如，当消费者需要购买一款手机时，如果要追求流畅的系统体验，大多数人可能会选择苹果手机；如果要追求功能与性价比齐驱，可能会选择小米手机；如果要追求优良的屏幕效果及照相体验，可能会优先了解三星手机……

① IP：Intellectual Property，网络流行语，直译为“知识产权”，该词在互联网界已经有所引申，可以理解为所有成名文创（文学、影视、动漫、游戏等）作品的统称，即代表智力创造的发明、文学和艺术作品等的版权。

为什么消费者会在不同的功能需求下认为不同的品牌是最优选？换言之，为什么我们会对特定的品牌产生“它在某方面很优秀”的看法呢？这其实就是品牌在大众心目中留下的特有认知，它来源于商品的外观、功能与广告，尤其是它在市场上的口碑，所有这些综合形成了品牌印象，这就是品牌的意义所在。

事实上，个人品牌是同样的道理，它也是一种由各种因素综合形成的整体印象。这些息息相关的因素，被分为了三个维度（见图 1-1）。

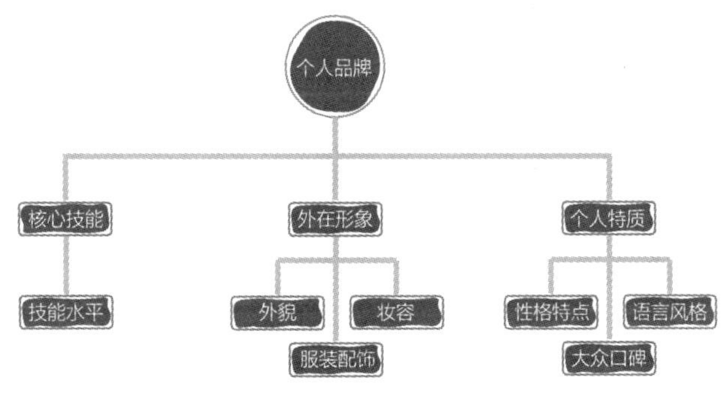

图 1-1　个人品牌的三个维度

正如图 1-1 所示，个人品牌的第一维度是核心技能，其中技能水平是核心板块；第二维度是外在形象，其中包括外貌、妆容与服装配饰；第三维度是个人特质，其中包括性格特点、语言风格和大众口碑。

在这一方面做到极致的，乔布斯一定是不可忽视的一位。

首先，乔布斯的核心技能就是其在电子产品领域的创新头脑，而他的技能水平，从他创造的苹果品牌如今的地位与大众印象便可见一斑。

其次，乔布斯的外在形象也令人印象尤深。他的目光深邃，留着被打理得干净利落的络腮胡，鼻梁上永远架着一副金属腿的无框眼镜，略显宽松的黑色圆领衫搭配着牛仔裤与运动鞋。其实，最初他并不是这样的打扮，年轻时的他也曾像所有传统的成功人士那样，白衬衣、黑西装，胡子剃得干干净净。可是从 1998 年起，他忽然找到了让自己最舒服的状态，或者他终于找到了最能表达自己理念的外在装扮。在这一年，他成为大众熟知的样子，而苹果手机也正是在这一年于困窘中找到了改革的方向，从此彻底开启了“改变世界”的大门。

最后，他是一个专注、认真、崇尚极简的人，无论是个人采访，还是苹果新品的发布会，乔布斯从谈吐到气质都始终在诠释这种个人特质。

至此，乔布斯的个人品牌已然成型，而它的成效，如今已经显而易见了。

其实从乔布斯的身上，我们也能发现成功的个人品牌往往具有三大特性：一是**独特性**，即具有自己的观点、态度，并由内而外地全方位表现出来，乔布斯在思想上的独特性众所皆知，他同时在外在形象上也做出了相关调整；二是**相关性**，即大众所见能与他们在乎的东西联系起来，极简和创新同样是许多人选择手机时的关注点，所以，具备这种特质的乔布斯才能赢得更多的认同；三是**一致性**，即大众日常能见到的“个人”言行具有某种一致性，乔布斯自 1998 年之后，在公众场合展现的内在与外在便具有这种一致性。

2. 个人品牌的核心是提供差异化价值

在当今社会中，人才市场最大的问题是：人才多，但都找不到好工作；用人单位多，但都找不到最合适的人。这正是当今社会人才严重同质化的不良效应，好像许多人的能力与优势看上去差别都不大，自己能否被用人单位挑中，许多时候甚至更依赖所谓的“运气”。

其实，类似的问题不仅仅在职场上显得如此突出，在我们的人生中，更是处处都需要实现“突围”，我们不可能将自己的人生完全押在虚无缥缈的“运气”上。因此，如何让自己在泛泛人海中脱颖而出，是我们面临的最重要的挑战。

从某种意义而言，**个人品牌是为竞争而生的，它的存在是为了在同质化严重的社会中制造差异化，让我们找到并放大自身的差异点，形成自身独有的价值符号，使得整个社会对个人的“供”与“求”实现更加高效、精准的匹配**。

个人品牌其实古已有之，虽然那时形成的个人品牌往往并非刻意塑造的，但是它们的影响力在历史洪流中传承至今，经久不衰，几乎都遵循着相似的规律，那就是它们都具有差异化价值。这种差异化价值的根本，是在某一领域内创造一套能切实解决问题的知识体系，这也是个人品牌的核心内涵。

比如，中国的老子与孔子。前者的《道德经》点透圣人之道，是每一位想要成为好领导的管理者的必读物，于是老子成为这一领域的“思想权威”；后者由其弟子根据其言行编著的《论语》，集中体现了孔子在政治、审美、道德伦理和功利等方面的价值思想，从古至今都是每一位中国学子的启蒙读物，这种影响力绵延至今，甚至无论中外都已经有了提起孔子就想到中国思想的现实效果。

再比如，西方的爱因斯坦与达尔文。前者提出的相对论在物理学乃至整个科学界都有着举足轻重的意义；后者集大成的进化论，让生物科学就此进入了一个崭新的历史时期。而他俩，也分别成为物理学领域与生物学领域在大众心中的“第一印象”。

从上述例子我们不难看出，这些无疑都是极其伟大的个人品牌，在历史长河中，他们建立了独属于自己的知识体系，一直影响着社会的发展与进步。在当时，他们拥有众多追随者；而现在，他们的追随者仍然在裂变式增长。

除了这些我们遥不可及的古人，现代也有层出不穷的优秀个人品牌。比如，我国核武器研制工作的开拓者和奠基者邓稼先；我国载人航天奠基人、被誉为“中国航天之父”的钱学森；为杂交水稻事业奉献一生的袁隆平……他们中有的人或许没有完整、系统地强调过自己的知识体系，却将其融合在各种形式的作品中。大众通过接触他们输出的作品，源源不断地感知到其个人影响力。

不少人会认为，这些成功的个人品牌离普通人都非常遥远，普通人又怎么凭借自己的力量创造出这么完整的知识体系呢？事实上，我们只要能在自己生活的圈子里，通过创造简单的知识体系提升自身的价值，就是在打造个人品牌。哪怕这个知识体系很小、很简单，它照样能为我们带来差异化的价值。

我有一位十分热爱读书的同学，她的阅读范围很广，闲暇时兴起，她将自己的读书感悟及推荐书籍的各种想法整理成了知识体系，并据此创作了连载文章、系列短视频等内容，相关账号仅一个月便收获了不少关注。

其中一位粉丝在评论中感慨："能看到包括这么多干货的读书视频太难得了，我之前看到的许多视频都像在复述说明书一样，都是公式化的推荐与分析，实在没意思。"

足以见得，无论什么身份、什么立场的人，实质上对差异化价值的渴求都是一直存在的。能为市场提供这份差异化价值的人就会成为影响力的中心，大家会对拥有个人品牌的人报以更多的关注、信任与期待。

这种认可能让拥有个人品牌的人获得比其他人更加长久的效益——这种效益既体现在金钱上，也体现在感情上。随着我们自己的成长，知识体系自然会得到逐步且持续性的完善。如此在个人品牌的加持下，粉丝的裂变与收益的几何式增长便顺理成章了。

3. 尊重多元，才能成就个人品牌

个人品牌的关键词之一便是"特色"，每个人的性格、兴趣、思维、习惯都不尽相同，这是从出生起就被限定好了的"成长地基"，而这些决定了每个人独特的行事风格与思想。如果我们无视这种个体差异，甚至不认可这种差异的存在，那么个人品牌就是空谈。我们只有展示并重视各自的天性，才能保留自己的特色。

尊重多元，也意味着我们要对毫无思考痕迹的模仿说“不”虽然模仿本身是一种有价值的学习方式，但如果我们仅仅只是在“模仿”，没有思考其中的规律与价值，没有寻找自己的位置，那么我们便亲手阻断了“多元”在自己身上生根的可能性，个人品牌又如何发展？

麦当劳作为全球最大的快餐连锁企业，拥有极其严格、规范且统一的作业程序。在这种从上到下高度一致的工作程序中，麦当劳还有一条特别的用人哲学：如果一个企业中有两位主管的想法是一致的，那么其中一位主管便没有必要存在了，有可能被调去别的岗位。这种氛围影响着所有员工，每一个员工自己独特的想法都会被尊重，有提出来的空间，也有一起讨论的空间，虽然工作程序高度一致，可是所有员工的头脑没有被界定与束缚。

正是因为麦当劳尊重多元的态度，让它收获了如今脍炙人口的品牌形象——麦当劳叔叔。这个形象由麦当劳当时的广告经理克莱恩设计，他是一位长发披肩、言行随性的员工，与温文尔雅、着装考究的总裁克罗克截然不同。可是他的个性不仅得到了克罗克的尊重，还得到了充分发挥的空间，最终麦当劳叔叔的诞生，于麦当劳内部而言，俨然是广告经理克莱恩个人品牌的产物。

无论是对企业而言，还是对个体而言，这种尊重都给个人品牌的成长提供了土壤。没有这份对多元的尊重，个人品牌就像是空中楼阁，不切实际。

4. 个人品牌打造要做到传播最大化

酒香也怕巷子深，再优秀的个人品牌，也需要交流与传播。事实上，个人品牌的生命长度正取决于它的传播力度。即便博学如孔子，他也需要周游列国，宣传自己的思想；即便多智如孔明，他也需要有人宣传，才能拥有实现个人品牌价值的机会。只有将传播做到最大化，我们才能将个人品牌做到极致，没有足够的传播，个人品牌就容易陷入“无田可耕”的无奈境遇——即便是伯乐识马，千里马也首先要让自己出现在市场上。

同样地，**有时我们自身的才华在自己的圈子内不算出众，但我们善于将自己品牌化，善于宣传自己，能将自己的个人品牌打造得足够出彩，我们同样可以收获个人品牌带来的额外价值。**

1.1.3　个人品牌的生命周期

孔子，一个我们再熟悉不过的历史人物，他代表着一种智慧、一种思想、一种文化，在特别的场合中，甚至能代表一个国家。《论语》由古至今的普及度我们都有所了解，但孔子的影响力，或者说，孔子这一个人品牌的实际作用却远不止一本《论语》所产生的影响。

在 2008 年的北京奥运会开幕式上，开场第一个表演节目《仪式》，气势宏大，古朴厚重。三千人身穿灰白长袍，手执竹简长卷，整齐地吟诵着《论语》中孔子的经典名句，就这样在全球人心中画下了当晚第一个震撼人心的符号。

时至今朝，这一节目仍然好评如潮。2021 年，第 32 届夏季奥运会在东京盛大开幕，许多错过当年北京奥运会开幕式直播的“00 后”“10 后”纷纷好奇回顾，相比当时收看直播的人，他们接触了更多精彩、炫目的东西，可是仍然在相关视频的评论区、弹幕区留下了被节目《仪式》惊艳到的感叹。

为什么一个经历了十多年岁月洗礼的文艺节目，可以带来如此持久又强烈的心灵冲击？诚然，服装、化妆、节目形式等因素都有功劳，可追根究底，这一节目里里外外所有的灵感，无疑都来源于孔子。

这印证着一个现实：一个人在生物学上的生命虽然是有限的，可是，他打造出来的个人品牌，却能拥有超越生命的无限力量。

既然个人品牌的生命力如此惊人，那么研究其生命周期的规律自然成为我们打造个人品牌的第一步。通常来说，个人品牌的发展会经历以下四个周期（见图 1-2）。

图 1-2　个人品牌的生命周期

1. 第一周期：起——蓄力期

对任何事物而言，起点都是最重要的一步，它往往直接决定着一个事物的成败与上限。个人品牌的第一周期——蓄力期，就是我们学习、积累、沉淀的时期。这一时期最忌讳的便是急于求成的心态，“欲速则不达”，我们在这一时期越是着急地往前赶，越容易“栽跟头”。

王安石的《伤仲永》便向我们描述了一个典型的例子：一个“未尝识书具”却五岁便能作诗的神童，拥有打造个人品牌的完美天赋，明明应该在蓄力期再接再厉，入学精进技艺，却被只重眼前利益的父亲提前消耗。仲永被父亲日日带着给周围人写诗来换钱，最终这一刚刚显露的个人品牌不过只风光了几年的时间，昔日的神童终究“泯然众人矣”。

如果仲永在蓄力期能真正得到“蓄力”的机会，他的前途与个人价值自然不可衡量，可最终，他却只能用自己全部的人生为后人留下一个略显伤感的故事。

放弃蓄力期的个人品牌，就像无源之水、无本之木，难以长久发展。没有在蓄力期打好地基就直奔突围期而去的个人品牌，通常很难承受突围期的重压，此时突围期的所有机会并不是生命的养料，而是生命的催化剂，让个人品牌的生命过早终结。

因对时局的精彩见解打动刘备，最终出山大展抱负，并成功为刘备争取到三足鼎立之势的诸葛亮，如果他不是在个人品牌的蓄力期依旧时时刻刻注重个人积累与思考，又怎么能在茅庐中与刘备侃侃而谈，并最终赢得刘备“犹鱼之有水也”的信任与认可？

由此可见，拥有一技之长虽然是个人品牌的基础，但更为重要的是我们应该如何在蓄力期围绕这“一技”做好积累。只有真正意识到蓄力的必要性，我们才能找准起点，找准方向，进一步聚焦远处的目标。

2. 第二周期：兴——突围期

个人品牌的第二周期——突围期，是我们第一次展示自己的力量与差异化价值的时期。对任何事物，我们都讲究第一印象，在这一时期，每一个个人品牌都应该意识到“亮拳头”的重要性，而“拳头”的分量与我们实际的个人能力息息相关。

这就好比在田径场上奋力奔跑的运动员，谁能在枪响后稳稳地起步，一马当先地拿下优异成绩，往往与运动员自身身体素质与能力技巧的高低密不可分。如果我们自身的能力不够强，就需要在蓄力期花费更多的时间来弥补这种差距。

3. 第三周期：盛——勃发期

个人品牌的勃发期是其平稳发展的阶段，此时个人品牌进入了相对而言最“安全”的第三周期。在这一周期个人品牌生命力的强弱，取决于我们在蓄力期蓄了多少“力”，也同样在考验我们是否持续性地蓄力。

处在这一周期内的个人品牌，就好比使用中的电子产品，我们在蓄力期给它充了越多的电，其待机时间就越长，我们能用它做的事情就越多；如果我们在使用过程中还时刻关注它的电量，随时在合适的时机为它持续充电，那么我们就能随时使用它做任何可以做的事情。

4. 第四周期：衰——消耗期

在通常情况下，个人品牌的生命周期在勃发期之后，将不可避免地进入消耗期。在这一时期，个人品牌面临着热度减退、环境更迭、新人辈出等诸多困境。之所以个人品牌会陷入这样的困境，最重要的原因就是我们在打造个人品牌时，总是过于依赖其主体的生物性特征。

虽说时势造英雄，可是时势终究是时代的产物。时代更迭是社会发展的规律，它无法被外力阻挡，如果我们的个人品牌也与时代高度绑定，那么其将无法避免“过时”的结果。

以流行音乐之王迈克尔·杰克逊为例，他的音乐是许多人心中的经典，但现在他那些曾经传遍大街小巷的歌曲已经不再是当下流行的热门音乐；他的“太空步”曾风靡舞台，几乎所有对音乐与舞蹈感兴趣的人都争相学习，可是在现在的舞台上，除了向经典致敬的时候，已经很少见到最原始的太空舞步了……即便如此，迈克尔·杰克逊仍然是流行乐坛不可逾越、难以忽视的存在。现在年轻人的歌单中已经很少再出现他的音乐，年轻偶像的舞蹈里也很少再出现他的舞步，然而数不胜数的新音乐、新舞蹈中仍然有他的影子——他的音乐理念、音乐风格、舞蹈姿态已经成为“基础模板”一样的存在，人们在这种“基础模板”上进行了无限的创造。

为什么迈克尔·杰克逊的个人品牌没有在消耗期走向消亡？这是因为他的个人品牌所产生的价值已经不再依托于其生命存在。人们不会因为他的逝去而否认他的个人品牌，他的个人品牌的影响力不再受时间长短的限制。

当然，作为普通人，我们很难打造出如此经久不衰的个人品牌。但是，我们应以此为目标，尽可能地延长自身个人品牌的生命周期，尽最大的努力发挥自己的长处，不留遗憾。

1.2　99% 的人不知道如何打造个人品牌

在写本书之前，我随机询问了身边的朋友，问他们知不知道如何打造个人品牌。答案千奇百怪，但无一例外，他们都对打造个人品牌有误解。可以说，**99% 的人不知道如何打造个人品牌。**

有人认为打造个人品牌就是扩大自己的朋友圈，让朋友圈中好友的数量达到微信设置的上限；有人认为做自媒体宣传，在抖音、快手、微信公众号等网络平台上吸引粉丝，就是打造个人品牌；有人认为名气就是个人品牌，于是不断找寻出名的方法；有人认为打造个人品牌，就是要打造一个“虚假人设”，人前人后两幅面孔……

由于这些误解的存在，很多人在打造个人品牌时逐渐偏离航线，最终的结果与当初设想的南辕北辙。

1.2.1　以为朋友圈人越多，个人品牌就越大

个人品牌 = 人脉，这是许多人对个人品牌的误解。于是很多人打造个人品牌的第一步，就是疯狂地认识更多人，添加微信好友。

我有一个朋友就是这样做的，他在认识到打造个人品牌的重要性后，决定扩大自己的朋友圈，开始参加各种聚会，朋友的朋友、亲戚的朋友，只要扯得上一点关系，他都要添加微信好友，并表示“常联系”。很快，他的微信好友就达到了 5000 人，他洋洋自得地找到我，告诉我他的个人品牌打造成功了，他的人脉圈非常广，各个年龄层、各行各业的人都有。

我不禁失笑，问了他三个问题：“这些好友都对你印象深刻吗？他们知道你是做什么的吗？他们会主动与你联系吗？”

他一时怔住，答案显然都是否定的。尽管他加了这些人为好友，但是大部分人与他只是萍水相逢，并没有深入了解他，也不知道他是做什么的，更不会主动联系他，就算走在大街上遇到了，也互相认不出对方。

对方对他一无所知，只有一个模糊的印象和微信好友，时间久了，就会完全忘记他，甚至删掉他的微信。所以所谓的人脉和朋友圈，并不是衡量个人品牌大小的标准，因为在这些“好友”心中，他根本还没有形成品牌，只是一个无关紧要的人。

打造个人品牌的关键不在于我们的朋友圈有多少人，而在于我们能够影响多少人，有多少人认可我们。如果我们的朋友圈有 5000 人，却只有 50 人认可我们，那么我们就只有这 50 人的影响力；如果我们的朋友圈只有 500 人，而这 500 人都认可、信任我们，那么我们的影响力远远大于朋友圈有 5000 人却得到 50 人认可的人。

1.2.2 以为运营自媒体就是打造个人品牌

“网红”的打造方法便是利用自媒体宣传自己，那么，打造个人品牌就是做好自媒体宣传吗？非也。

回想一下，在我们身边是否有这样一类人，他们经常在微信公众号上发布自己原创的文章，也顺应当下的热点，在抖音、快手上发布一些拍摄的视频。

这些人是在打造个人品牌吗？很显然不是。因为他们没有在某个领域给予专业意见，他们发布文章和视频，主要是为了娱乐自己，并不能为他人提供价值。

那么，那些在自媒体上输出知识、发表个人见解，并为人们提供各种价值的人是在打造个人品牌吗？是的。但运营自媒体只是打造个人品牌的一部分，可以说他们在打造个人品牌，但打造个人品牌绝不止于此。

如果我们只是在网络上运营自媒体，为了谋求更多的关注，挖空心思展示自己，而在现实生活中，我们的表现却与自媒体上的自己完全不同，这也不是在打造个人品牌。比如，女生小路喜欢文学，热衷写作，经常在自己的微信公众号上发布文章，在文章中她将自己描述成一个知性、大方、充满文化气息的女子，可在实际生活中，她却十分邋遢，一个月才洗一次澡，有时身上还散发着异味。一旦看过小路文章的人看到她的实际情况，就会立刻认为小路在骗人。

由此可见，**运营自媒体只是打造个人品牌的一种方式**，打造个人品牌最重要的是运营自身。具体打造方法，我将在后文中详细介绍。

1.2.3 以为“出名”就是打造个人品牌

不少人会认为“出名”就是打造个人品牌。在一些问答类知识平台上，常常出现“如何打造个人品牌，成为一个知名‘网红’”这样的问题。

这类人误解了打造个人品牌的内涵。首先，**打造个人品牌并不一定要出名**。举一个简单的例子，一名普通的企业员工，通过自己的辛勤工作，在领导和同事心中留下了“工作认真”“做事努力”等印象，他出名了吗？没有。他有个人品牌了吗？有了。“工作认真”“做事努力”就是他的个人品牌。但这个个人品牌有一定的范围限制，目前他打造的个人品牌还不能让他出名。

其次，**良好的个人声誉是打造个人品牌的关键**。诚然，打造个人品牌的目的之一是让我们在一定的范围内拥有独一无二的“名气”，可是这并不代表着寻找“出名”的方式就是在打造个人品牌，更不代表一时的名气越大，个人品牌就越好。当我们将“出名”视作打造个人品牌的途径时，我们便很容易误入“哗众取宠”“自毁长城”的歧途。

比如，自直播平台火爆以来，无论是在平台直播的主播，还是为主播提供直播环境的平台，都曾在歧途上“崴了脚”。众多直播、短视频平台都曾经历过多次整顿、处罚，许多通过提供低俗、血腥、猎奇的内容博人眼球的主播在“昙花一现”后便销声匿迹。

纯粹的名气与有意义的内容，对个人品牌而言孰轻孰重，已经不言而喻。的确，哗众取宠可以让我们任何一个普通人快速达到脱颖而出的目的，但这样的选择却在一开始就重重地伤害了个人品牌的根基。**良好的个人声誉才是个人品牌形成、发展、延续的基础**。

1.2.4 以为“立虚假人设”就是打造个人品牌

当我们询问网友“什么是打造个人品牌”时，不少人都将答案指向了“立人设”——严格来说，大众心中的“立人设”，往往是“立虚假人设”。这种错误的认知甚至长期存在于许多正在打造个人品牌的人心里，他们在创建个人品牌时，常常会遗忘一个要点，那就是“名实相符”。

这些人忽视“名实相符”的重要性，往往是因为太急功近利。在现实社会中，虚假广告、虚假宣传、虚假营销屡禁不止，在个人品牌刚刚兴起时，的确有不少人通过这样的手法“投机取巧”，占得了一时的先机。明明原本只能拿到 6 分的能力，在经过一定程度的包装后带给了大家 8 分的印象。更有甚者，许多原本 0 分的人也会尽力将自己包装成 8 分。

可是随着大众对个人品牌的认知逐渐深入，各式各样的个人品牌逐渐打响，这种招式早已不再有效——大众越来越难骗，而每一个谎言都需要无数个谎言去圆。最后的结局不是大众发现真相，就是制造谎言的人自己再也没有心力继续骗下去。

在最初打造个人品牌时，我在众多标杆对象里选定了“楠姐式老板”，模仿她的穿衣风格、说话方式、内容方向。在发布了大约30个短视频作品后，我只收获了56个粉丝，这还是在合伙人为我引流的前提下。当时我十分郁闷，不知道问题出在哪里。我所做的一切，都是按照爆款公式来做的，难道是因为没有购买官方流量？于是我又投入不少资金购买了官方流量，可结果还是不尽如人意。

在分析作品留言时我发现有很多这样的留言——“你也太像卖保险的”“一看就是演员，老板给你开多少钱”“你一张嘴，就觉得你在说假话”……

从这些留言里，我意识到了失败的真正原因——我的人设是假的。我穿着职业装、高跟鞋，蹩脚地讲着我自己都不太懂的商业模式、经济状况，故作成熟的样子就像小女孩偷穿妈妈的高跟鞋的样子。我根本就不是一个沉稳、干练的老板，我表达的所有内容，都是别人的经验，不是我自己的。

我清晰地意识到，创建个人品牌实质上是一种表达、宣传自我的形式，是在向大众展示一个真实的自己，并不是在向大家“创新”一个虚拟的自己。我们的个人品牌应该是自身核心价值与兴趣特征的投射，这要求我们在打造个人品牌的每一步都关注自己。

真实，是个人品牌最大的魅力，也是个人品牌的“长生不老药”。它代表着我们自己对个人品牌的认可与支持，只有我们自己能发自内心地认可并支持个人品牌，才能带动其他人也这么做。

但是，许多人会认为，真实就意味着告诉大家自己不够优秀。这世上毕竟没有真正完美的人，当我们要真实地展示自己时，那些缺点又该如何处置？如果我们因为对个人品牌的顾虑而有所隐瞒，这是否便意味着我们的个人品牌就是虚假的，是有预谋、有心计的呢？

这就需要我们明白一个逻辑：真实，并不代表不加思考、随心所欲地去做一件事。

该怎么理解这句话呢？我们不妨设想这样一个场景：整夜失眠的我们在工作日的早晨十分困倦，心里很想放弃上班回到被窝里补觉，可是出于对职场人身份的重视，以及对手中工作的责任感，或者仅仅只是不想因为旷工而被扣工资，我们最终还是会选择违背自己的生理需求，坚持上班。这样的选择，是我们出于虚假、伪装做出的选择吗？

除此之外，我们为自己的工作微信号挑选符合职业与自身个性的头像，我们在出席重要会议或交际场合时选择最妥帖的妆容与着装，我们在社交平台选择性地分享自己积极的生活细节……所有上述举动，难道都是一种虚假的存在吗？

事实上，我们只是会下意识地在自己重视的情境中拿出最好的状态，并且努力去克服自身懈怠、不完美的念头。每个人都是复杂的多面体，起、落、明、暗，都是我们个体的一部分。我们对自己有要求，有基于自身最佳能力的理想化期许。同时，这种期许也是我们一直以来努力想要成为的真实的自己——它对外是向众人展示的我们力所能及的最佳“成绩”，对内则是一种积极的自我督促。

当我们着手打造个人品牌时，我们并不是在捏造一个虚假的人设，而是在展示我们对所有人的最大价值。只要我们能意识到这一点，“立虚假人设”将不再是我们打造个人品牌的疑难杂症。

1.3 100% 的人需要打造个人品牌

在进行个人品牌打造的辅导时，我发现无论什么人群，从事什么样的工作，是国内的还是国外的，是做互联网的还是做实体店的，是一线城市的还是县城乡村的，是上班的“白领”还是上学的学生，都因打造个人品牌而获益。

在市场竞争日趋激烈的当下，不管我们身处什么样的环境，只有充分展示自己的能力，才能得到他人的认可。如果我们只会埋头苦干，没有形成独特的个人品牌，那么即使我们的成绩优异，也会被其他拥有个人品牌的人替代。

打造个人品牌，意味着我们的个人价值会被认可，我们能够获得更好的机会，拥有更优质的资源，形成不容易被复制的竞争力。简单来说，**打造个人品牌，就是凸显个人价值，得到更多人的认可和信任。每个人都有个人品牌，每个人都有必要打造个人品牌**。

1.3.1 企业家，个人品牌汇聚丰富资源

在许多企业家的认知中，打造个人品牌是可做可不做的事情。一部分企业家认为自己平常的工作已经非常繁忙，根本没有

时间打造个人品牌；另一部分企业家认为自己的主要任务是将企业管理好，打不打造个人品牌无所谓。

拥有这些想法无可厚非，但企业家应当明白：**企业家的个人品牌，在一定程度上代表着企业品牌。**

2010 年，“我是陈欧，我为自己代言”这句广告词让“陈欧”这个名字家喻户晓，在个人名气的加持下，陈欧很快带领其企业成功上市；2020 年，雷军用一场长达四小时的演讲将小米的十周年活动推向高潮，广大观众被小米十年来的挑战、创新和发展震撼，在朋友圈刷屏式地表示要换小米手机，这场演讲给小米省下了一大笔代言费、广告费和公关费；2022 年春天，年过半百的罗永浩宣布重返科技圈，进军 AR 赛道，此前他在创办的企业倒闭后，依赖于个人品牌，在直播电商界迅速崭露头角，如今再次进入新的领域，引发了大众的关注，起点颇高。

从以上案例中我们可以看出，无论是企业刚刚起步，还是已经具有一定的规模，企业家都应当打造个人品牌。具体而言，企业家打造个人品牌具有以下五点好处。

1. 企业家打造个人品牌能够提高创业成功的概率

对处于初创期的企业来说，生存是头等大事。在这个阶段，企业能否生存下去，几乎全凭企业家的个人本事。这里的本事不仅仅是指企业家的业务能力，还包括企业家的个人品牌。

没有个人品牌的创业者的创业过程通常是这样的：先对某个领域进行分析和调研，敲定一个项目，然后到处找投资人，获得一笔资金，紧接着是租办公室、招聘人才组建团队、采购原材料、将原材料生产成产品，最后到市场上销售，实现盈利。

这个过程蕴含的风险很大，在过去以产品为导向的时代，只要产品质量过硬，企业就能够生存下去，但如今是一个产品高度同质化的时代，在产品被投入市场后，消费者未必买单。无法将产品销售出去，企业就无法盈利，意味着此前所做的一切工作都白费了。

而新时代的创业，最好以客户为导向，采用轻资产模式，先打造个人品牌，持续输出价值，在获得客户信赖后，再根据客户的需求研发产品，提供定制类的产品与服务，获得盈利。

在这个过程中，先有订单再进行生产，不用担心市场不认可产品，创业的风险大大降低。当然，产品被认可的前提是企业家具有个人品牌，能让客户信任。

打造个人品牌能在创业过程中为企业家带来实实在在的好处：客户信任度增加，客户源源不断，市场被打开，更多的机会出现在企业家面前，创业事半功倍。

事实上，当今时代的很多企业家也是这样做的，完全没有任何个人品牌的企业家很少见。虽然普通人没有很高的知名度，但是在其熟悉的领域、其生活的地域内有一定的个人品牌知名度。

默默无闻的企业家和赫赫有名的企业家，在同一个行业内竞争，自然是赫赫有名的企业家更容易成功。**有名气的企业家提前积累了粉丝，无论从哪个角度来说都更有优势。**比如，2020年有很多人进入电商直播行业，开始直播带货，但那些本身就拥有个人品牌的人，比普通人成功的概率更高，这些人会选择一些与自身品牌相契合的产品售卖，更容易得到消费者的信任。

许多企业家在创业前几年会失败，但如果其个人品牌打造得好，即使企业倒闭，也随时可以东山再起。个人品牌伴随我们一生，其声誉越好，创业越容易成功。

2. 企业家打造个人品牌能够提高企业的抗风险能力

当今时代充满变数，前一秒还风光无限的当红明星，下一刻就可能因为被爆出丑闻而“翻车”。一旦明星或“网红”“翻车”，其代言的企业或品牌也会陷入负面新闻中。所以，当企业花重金邀请明星或者“网红”来为自己的产品代言时，也在无形中为企业增添了一丝风险。

事实上，**企业家是企业最好的代言人，企业家赋予了企业人格化的特点**。企业家打造个人品牌，能够为企业持续积累势能，相当于为自己和企业打造了一个影响力蓄水池，每做一个新动作，都是在往蓄水池里倒水。当企业家的影响力提升到一定程度时，蓄水池里的水满了，便会溢出来，影响到其流经的每一寸土地。

董明珠是格力的最佳代言人，她曾坦言：“为格力代言是一种责任，也是诚信的体现。”通过董明珠的个人品牌，我们可以看到格力像她一样坚毅、勇敢、创新，于是对格力更加信任。

当企业自身出现纰漏，引起客户不满时，如果企业家的个人品牌影响力大，客户就会很容易原谅企业，不会很快对企业失去信任。此时如果企业立刻做出补救行为，客户反而会更信赖企业。越来越多的企业家开始从幕后走到台前，用个人品牌带动企业的发展，或许原因正在于此。

3. 企业家打造个人品牌能降低企业经营成本

企业需要宣传推广，代言费、广告费等一系列营销费用必不可少。在一些企业中，营销费用支出比其他所有的支出都高，然而最终转化率却不高。

如果企业家的个人品牌打造得好，就能够省下一大笔营销费用，降低企业的经营成本。在这一点上，显然少不了小米的雷军。相比其他企业家，雷军显然更没有企业家的架子，无论是在小米的新品发布会上，还是在小米的各类视频博客中，雷军都会十分积极、亲和地与用户进行互动，即便在发音并不够标准的英语发言被全网调侃时，他也没有生气，反而温和地接受，甚至参与调侃——这一系列的言行都形成了雷军个人品牌的亮点。与此同时，雷军身上平易近人的亲和特质，与小米品牌原本的定位十分契合。在雷军的个人品牌被全网传播时，小米企业自身也在目标群体中得到了更大的曝光。此时，企业家个人品牌的打造，显然为企业带来了不少的好处。

还有许多企业，它们并不是行业中规模最大、绩效水平最高的，但因为企业家个人品牌影响力大，便拥有了独特魅力。这些企业一有动作，便能引发业界和媒体的高度关注，在无形中节省了一大笔广告营销费用。

4. 企业家打造个人品牌有利于吸引志同道合的人才

人才在企业发展中起到了至关重要的作用，但企业通常会面临招不到合适的人才、招到的人留不下来、留下来的人不能用等情况，这些情况严重阻碍了企业的发展。

同时，年轻一代，如“90 后”“00 后”，在选择工作时，往往更看重企业传达出来的价值观是否与自身的价值观相匹配。如果两者不匹配，甚至相差甚远，哪怕薪资再高，他们也很难留下。

企业家打造个人品牌能够有效解决这个问题。企业家在传达个人思想的同时，往往也是在传播企业的使命、愿景、价值观；企业家的个人故事、成长经历，也往往代表着企业一贯的处事方式。这能够很好地吸引到与企业同频共振的人才。有些企业家通过打造个人品牌，吸引了很多志同道合的伙伴。

比如，企业家任正非从前是军人，在管理团队时，很有军人风格，他坚持上级管理下级、下级无条件服从上级的理念，哪怕下级比上级年龄大、资历深。那些自身能力强、不愿意论资排辈的人才，便很容易接受这种方式，主动加入华为。

在企业家个人品牌的影响下主动加入企业的人才，往往黏性更强，稳定性更强。因为在选择进入企业时，他们通常放弃了更稳定的工作岗位和更高的薪资待遇，只为了追随自己心中认可的企业家。

5. 企业家打造个人品牌有助于企业提升利润空间

企业要想获得更多利润，无非有两种方法：一是提高产品价格；二是增加产品销量。如果企业想通过增加产品销量的方法来获取更多利润，就需要在扩大销售规模上下功夫，如多开一家店铺。但这样一来，经营成本也随之上升了，店铺租金、员工薪酬、购买生产工具等，都是不小的开支，而且还需要耗费大量时间，才能获得收益。所以，最立竿见影、利润最高的方法，是提高产品价格。

企业家的个人品牌是一种个人信誉和口碑，当一位企业家的信誉佳、口碑好时，他的个人身价也相应地提升了。这使得他能够在谈判、交易中掌握主动权，并时时刻刻告诉合作者和客户他是谁，以及他能带来什么价值。

当企业家的地位变得举足轻重时，他便能在行业内拥有话语权，话语权上升到一定高度，便成为行业定价权，这种定价权的获得，能够让企业利润得到大幅度的提升。比如，一家企业原本的产品定价为 10 元每件，在企业家个人品牌打造成功后，产品的知名度提高了，价格调整为 11 元每件，而成本不变，就相当于每件产品的利润上调了 1 元，10 万件产品，利润便能上调 10 万元。

总而言之，无论企业处于哪个发展阶段，企业家都应当升级思维，着手或进一步打造个人品牌，助力企业更上一层楼。

1.3.2 职场人，个人品牌助力脱颖而出

也许有些人已经意识到，普通的职场人也需要打造个人品牌。在职场做一个勤勤恳恳的“老黄牛”，时间久了，资历“熬”

出来了，就能晋升、上位。然而这套法则在当今时代早已不再适用，一门心思“熬资历”、等晋升的人，不仅不会得到预期的结果，反而很容易被时代淘汰。

职场是残酷的，要想在职场上脱颖而出，我们必须打造个人品牌，形成独特竞争力。而且，在几十年的职场生涯中，个人品牌在竞争中起到的作用将越来越大。

个人品牌对职场人来说意味着什么？在明确打造个人品牌的重要性之前，我们首先要回答这个问题。

中世纪欧洲的手工业者会将自己生产的产品看成自己品牌的一部分；古代中国士、农、工、商四种身份，都以个人从事的职业定义，也是个人品牌的重要组成部分。当然，那时他们并不知道个人品牌这个词，他们将其称为“声誉”，声誉与他们从事的职业息息相关，是外界评判他们的品德、处事能力的重要标准。

但在当今社会，大部分人不会把工作视为个人品牌的一部分，他们认为在工作之余，他们展示给外界的形象才是自己的个人品牌。这种割裂职场中的自己与职场外的自己的想法非常危险，因为这通常意味着他们的职场生涯并不顺利，否则他们是愿意将职场上的自己展示出来的。

事实上，几乎大部分人都不能否认的是，我们评判一个人成功与否的标准，是他在职场上的作为，做出了多大的贡献。所以，个人品牌打造，无论如何也不能与自身的职业割裂开来。更何况，职场人打造个人品牌，具有以下三个必要性。

1. 个人品牌让我们永远不怕失业

“985 高校毕业，一年失业三次”“人到中年失业”之类的新闻屡见不鲜，“失业”问题成为悬在当代职场人头上的“达摩克利斯之剑”[①]。许多年轻人惶惶不可终日，担心不知道哪天那个新闻中失业的人就变成了自己。

与其担心自己失业，不如将这个时间拿来打造自己的个人品牌。一旦我们的个人品牌打造好了，即便短暂地失去工作，我们也不用广泛地发送简历，希望得到企业的青睐，而应以自己的核心技能为出发点，去匹配企业的岗位，让企业主动找到自己。

如此一来，我们将不会害怕失业，因为企业能够通过我们的个人品牌选择我们。另外，处于事业上升期或对自己的实力很有信心的人，也不能放弃打造个人品牌。腾讯网科技中心原总监程苓峰在自己的微博中明确写道：“**在社会化媒体时代，打造个人品牌是大势所趋，我通过个人品牌的影响力，完全可以获得跟我在腾讯上班时一样的收入。最重要的是，我获得了自由。**”

2. 个人品牌让我们持续拥有独特的职场竞争力

身处职场，我们需要从各个方面与他人竞争，如技能、资源、思维、知识等。在如今这个信息开放、日新月异的时代，技能、资源、思维和知识都很容易被取代，并且随着时间的推移，这些东西产生的边际效应会递减。换言之，无论我们是工

① 达摩克利斯之剑：源于古希腊神话，意指令人处于一种危机状态。

程师、销售员，还是经理、总监，我们的能力和优势都有可能被后来者超越。而**我们打造出的个人品牌，却不是他人可以轻易获得的。**

个人品牌让我们拥有了持续而独特的职场竞争力。为什么这样说？职场上的很多例子都可以证明这一结论。

比如，小文是一名程序员，他喜欢钻研，擅长处理系统漏洞，并且乐在其中，被人称为“漏洞修复大师”。领导、同事一旦遇到难以修复的漏洞，就会找他帮忙，在公司五年，他修复了上百个漏洞。试想一下，如果企业需要提拔一位技术骨干，小文是否会顺利当选呢？答案是肯定的。这正是因为小文拥有其他人难以复制的个人品牌，使得他在公司具有独特的竞争力，并且这种竞争力会随着时间的推移越来越强，因为他还在源源不断地修复漏洞。

事实上，我们也不必将个人品牌想象得多么高深莫测，小文这个“漏洞修复大师”的名号，就是他打造出来的个人品牌。而这个个人品牌，将帮助他在职场上顺利前行。

3. 企业需要拥有个人品牌的明星员工

我的“闺蜜”圆圆曾向我吐槽，当她到一家公司应聘时，面试官询问她的微信好友数量是否达到了 3000 人，圆圆的第一想法便是，这家公司需要员工“拉客户”。虽然她的微信好友数量超过了 3000 人，但她不想把这些好友发展成客户，于是她给了否定的回答，并且在之后的面试中坦言自己不愿意“出卖”自己的好友。

听到圆圆的吐槽，我不禁为这家公司感到委屈，面试官之所以询问圆圆的微信好友数量，是因为想看看圆圆是否具有一定的个人影响力。企业需要明星员工，那些在社交方面毫无建树的人，不会成为企业重点培养的对象，因为他们没有影响力。

我的助理岗位一直空缺着，这个岗位既需要帮我对接客户，也需要帮我向下传递任务，没有合适的人选，我宁愿让它空着。后来有一位朋友向我推荐了一个女孩，这个女孩曾经是他合作伙伴的助理。想谋求新的发展，朋友觉得和我很匹配，便把她推荐给了我。这个女孩专业能力很强，她能让合作公司的老板推荐她，就说明她在业界具有一定的影响力。我录用了她，事实证明我的决定没错：对外，她能事无巨细地将客户接待好，得到客户的一致好评；对内，她在向下传达任务时也能让员工信服。在我心中，她是一个十分靠谱的助手。

如果人人都能像我的这位助理一样，通过自身的专业能力，建立个人品牌，让客户满意、同事信服、老板放心，那么一定会成为企业争抢的对象。

个人品牌影响力大的明星员工是企业内部的标杆和榜样，他们的一言一行，都是其他员工学习的典范。比如，明星员工总能积极地应对问题，克服工作上的困难，这会使那些具有“畏难”情绪、遇到困难便退缩和推诿的员工有所触动，带动企业内部所有员工的积极性，使企业的整体效率提高。试问，哪个企业家会不喜欢这样的员工呢？

当我们打造了自己的个人品牌时，就拥有了自己的竞争力，我们不需要自我推销，个人品牌就能自动地将我们与其他人区分开来，让我们在激烈的职场竞争中脱颖而出。

1.3.3 普通人，打造个人品牌实现身价倍增

既然 100% 的人都需要打造个人品牌，那么我们应该明白，除了企业家与职场人，在个人品牌的话题里还有许多被我们忽视的普通人。

比如，放弃事业、回归家庭的人们，随时在与不同状态、不同职业的合作伙伴交流的自由职业者，始终关注自己地里收成的广大农民们……我们在此处虽然不会再将其一一分开论证，但这并不意味着，他们便游离于个人品牌的话题之外。我们需要清晰地认知到：**任何一个普通人，都可以通过打造个人品牌实现身价倍增**。

每个人都有不同的阅历、学识、才干、性格和天赋，也正是因为这些不同点的存在，每个人都有自己的分工。我们尊重每个人的差异性，承认每个人的独一无二，就相当于认同每个人不同于他人的价值所在，这为每个人打造风格各异的个人品牌提供了可能。

这是一个个体崛起的时代。个体如何崛起？第一步就是打造个人品牌。

一个简单的例子足以证明个人品牌对我们的重要性：在普通工厂生产的普通产品，在直接流向市场之后可能售价非常低，一旦给这些产品贴上某知名品牌的商标，这些产品的价格瞬间就会

涨 10 倍。个人品牌和产品品牌一样，也能让人身价倍增。我们可以思考一下：我的身价是多少？如果我是一名投资者，会出多少钱投资自己？又能获得多大的回报？

大部分人可能答不上来，不是因为对自己的身价没有清晰的认知，而是自认为自己没有什么身价。可是我们一定要“红起来”，一定要远近闻名，才有值钱的身价吗？

事实上，**个人品牌只是个人强关系的放大版**。我们每个人都生活在一定的圈子里，与周围的人建立了强关系，这些人在生活或工作中信任、需要我们，在他们心中，当遇到某个领域的事情时，找我们准没错。因此，我们的生活中存在着太多被我们忽视，却含金量极高的个人品牌。当我们需要装修新房时，我们会寻找各大家电的靠谱品牌，会安排值得信任的设计公司，也同样会关注帮我们抹墙、铺砖、美缝的一个个师傅是否技术精湛；当我们需要理发时，我们会寻找服务周到、环境满意的美发店，也同样会在相关软件上认真考察店内哪一位师傅的口碑最好、效果最佳。

当找到这样一位在专业领域值得我们信任的人时，即便我们需要为他的服务付出比其他人的服务更高的价格，我们也愿意买单。这一切，都是每一个普通人通过个人品牌的打造实现的身价倍增。

打造个人品牌，其实就是通过自身的努力，将自己生活的圈子逐渐放大，让更多的人信任、需要我们。在扩大自身品牌的过程中，信任、需要我们的人会不断地给我们各种反馈，倒逼我们加速成长。当我们专注于一个细分领域时，我们会变得越来越专业，影响力会越来越大，不知不觉，就超过了很多人。

什么是影响力？就是有多少人认可你。这种认可不是我们主动求来的，而是他人自发产生的对我们的信任感。所以，**只要敢于打破自我心理限制，人人都能打造个人品牌**。

在打造个人品牌后，如果我们是作家，我们的书会比别人更畅销；如果我们是商人，我们的产品会卖得更好；如果我们是自由职业者，我们会比其他同行收获更多的业务，有机会获得更高的个人酬劳；如果我们是家庭主妇，我们会让自己的生活比其他人的生活更具有幸福感、价值感、满足感……总而言之，有一个响亮的个人品牌，我们能收获高额回报。至于应该如何实现，我将在后续的章节中详细解答。

没有永远的“铁饭碗”，但有永远的个人品牌。每个人都可以像微信的口号所说的那样：**“再小的个体，也有自己的品牌。”**

第 2 章

“三定法”：

你与其他人有何不同

在认识到打造个人品牌的重要性后，下一步就是寻找个人品牌的打造方向。精准定位，才能明确方向，让我们的个人品牌始终在正确的航道上前行。个人品牌“三定法”，即一“定”核心技能，二“定”外在形象，三“定”个人特质，让每个打造个人品牌的个体都能明确自身的差异化价值在哪里。

2.1 个人定位：告诉用户“你是谁”

个人定位是打造个人品牌的第一步，我们要想让个人品牌广泛传播，就需要清晰地告诉目标用户“我是谁”。让我们具有高识别度的核心技能、外在形象和个人特质，激活目标用户的记忆，在目标用户的心中占据一席之地，让目标用户对我们的个人品牌有所感知、形成记忆并不断强化印象。

2.1.1 让个人品牌具有高识别度

在饮用水品牌中，提到高端，我们会想起“水中贵族”百岁山；提到水源好，我们会想起“不生产水，只做大自然的搬运工”的农夫山泉；提到纯净，我们会想到“心纯净，行至美”的怡宝……

然而，有的饮用水品牌却总是更改自己的定位，一会儿称自己高端，一会儿又提到水源，后来又与煮饭煲汤、运动健康挂钩，把与饮用水相关的宣传词轮换着套了个遍，结果却是品牌并未在大众心中留下印象，销量欠佳。

产品没有清晰定位，就没有高辨识度。在产品同质化愈加严重的当下，没有辨识度的产品要么卖不上价格，要么卖不出销量。

人们对个人的印象同样如此。在信息较为闭塞的年代，稍微有些与众不同的人，就很容易成为人们互相谈论的对象，在日常交往中被主动谈起，能在一定范围内引起社会的讨论，极易在大众心中留下深刻印象，形成口碑效应。但在今天，我们每天接触到的形形色色的人数不胜数，不会专门去记住每个人，以至于很多人都成了“过眼云烟”。尤其是那些根本没有突出特征的人，几乎是人群中的“透明体”。

同时，在经历了广告“轰炸”后，我们已经对宣传个人品牌的信息产生了“抵抗力”，那些同质化、不成体系的个人宣传，已经被我们从心底“屏蔽”了。

在前文中我们提到过，成功的个人品牌具有独特性，能在目标用户心中留下独特的印象。这个独特的印象，就是在信息泛滥的当下，让我们脱颖而出的关键。

比如，我们每天到菜市场买肉，都会不自觉地走到张屠户的摊位前，因为张屠户卖的肉新鲜，而且做生意诚实，从不缺斤短两，张屠户的个人品牌已经深植于我们心中。

从另外一个角度出发，如果我们要打造个人品牌，首先要解决怎样让人记住我们的问题。也就是说，如果我们是新进入菜市场卖肉的商家，菜市场已经有张屠户、李屠户、王屠户了，我们要解决的第一个问题就是怎样被人记住，也就是我们要有能把自己与其他卖肉的商家区分开的独特定位。

在职场上相处久了，我们的领导、同事、下属是什么样的性格，工作努不努力，为人靠不靠谱，我们都能清晰地知道。为什么我们不敢放心地将事情交给某些人？因为他们在过往的工作中没有树立“靠谱”的个人品牌。为什么有些人我们一看到就会想到“孺子牛”？因为他在过往的工作中非常踏实，将每件事都认认真真、勤勤恳恳地做好。

虽然很多人没有意识到自己在他人心中是这样的形象，但上述事实告诉我们：**我们可以通过个人定位，让自己更具有辨识度，让个人品牌的影响力更大。**

2.1.2　在复杂的变化中稳定输出

企业更换产品包装是一件需要深思熟虑的事情。很多企业会陷入这样的两难境地：一方面产品老包装逐渐与时代脱轨，很难再吸引新的用户，而且包装材料的成本在不断上涨，不更换包装，就面临赔本；另一方面老包装已经被老用户认可、熟知，如果贸然换掉，担心老用户不能接受。

为什么即使面临困境企业也会纠结换不换包装呢？因为产品的包装是产品品牌的重要体现，一经确定，被投放到市场上，便代表了企业的形象。没有特殊情况，企业通常不会轻易改变产品的包装。

就像产品的包装一样，我们每个人展现给其他人的形象、性格、技能等，也是我们个人品牌的重要表现。但人的形象与产品的包装也有不一样的地方。人是动态的生物，不会一辈子只穿一件上衣、一条裤子，发型、身材等都可能发生变化。并且人的情绪也在不断变化着，这也会影响我们在其他人心中的形象。

个人品牌与产品品牌一样，需要统一、稳定、坚持，才能维持在用户心中的形象。著名的策划营销专家、品牌管理专家叶茂中每天都戴着一顶黑色鸭舌帽，几乎没有人见过他脱下帽子的样子。还有许多人也是如此，当出现在公众视线中时，永远采用固定的形象搭配，如史玉柱的红衣白裤、乔布斯的黑色高领套头衫等。这样的形象搭配，帮助他们塑造了独特的个人品牌。

由此可见，我们在打造个人品牌时，第一步就是进行个人定位，明确自己应该朝什么方向发力。如果在一开始我们没做好个人定位，就很容易迷失方向，而且不能稳定地输出内容，可能会随时改变形象。这样一来，好不容易在他人心中积攒起来的印象，可能立刻就会灰飞烟灭。

2.2　一“定”核心技能：我能提供什么价值

在个人定位中，首先要确定的就是核心技能，即我能提供什么价值。这是打造个人品牌的基础。**如果我们不能为用户提供价**

值，那么我们在他们心中是什么样的形象就不重要了。就像如果叶茂中不是策划营销专家、品牌管理专家，那么他穿什么也没有人在意了。

2.2.1 自我剖析：你能 + 你爱

如何定位自己的核心技能呢？这是许多人迷茫的地方，以前的我同样如此。

在我的人生没有"开窍"之前，我一直觉得自己是个失败者。我想充实自己，于是购买了很多书籍，从"大咖"推荐到畅销书榜，从励志散文到实用工具书，应有尽有；我想锻炼身体，想练出"马甲线"，于是办了很多健身卡，写了很多健身计划；我想赚钱，于是买了很多市面上所谓的"赚钱秘籍"，希望实现财富自由；我还列了很多人生清单，如学会五国语言，学会钢琴、骑马……

突然有一天，我和几个朋友在咖啡厅聊天，一个新朋友问我擅长什么，我支支吾吾地答不上来。尽管我看起来做了很多事情，具备很多技能，但没有一项是擅长的。回到家我大哭一场，意识到之前所做的一切都是自我欺骗。那时的我即使想打造个人品牌，也不知道该从何做起。

后来我意识到自己应该有一项或者几项核心技能，否则我的一生都会在虚假的充实中度过。为此，我进行了深刻的自我剖析，明确我自己有什么样的核心技能，能够提供什么样的价值。

1. 你能——自己能做什么

自我剖析的第一步是检视“自己能做什么”。如果我们能够脱口而出，迅速回答这个问题，那么说明我们对自己的认知比较清晰，或者已经具备了自己赖以生存的核心技能。这些技能通常是我们最“拿得出手”的技能。比如，有些人在遇到这个问题时，能够不假思索地回答“我能写作”“我能绘画”“我能摄影”等。

但还有很多人不能立刻回答这个问题，他们不知道如何回答，或者在答完后又更改了自己的答案。我的一个朋友小丹就是如此，她在一家公司做前台，每日的工作内容就是接待外来人员，帮其他同事接收快递。当我问到她能做什么时，她回答不上来，她认为自己现在的工作，任何人都可以胜任。

有许多人和小丹一样，哪怕已经过了而立之年，依旧不知道自己的核心竞争力是什么。还有些时候，我们可能对自己的核心技能存在误解，我们自认为的能力与我们所拥有的能力并不一致。在面对这些情况时，我们可以采用“三件事回顾法”，回顾过往的人生经历，找出自己做得最成功的三件事，来分析自己的核心技能有哪些，如图 2-1 所示。

在采用“三件事回顾法”对核心技能做出判断时，我们需要先用较为精练的语言将我们做得最成功的三件事阐述出来，主要描述我们是如何将这三件事做成功的，以及取得了怎样的成就；然后再梳理在做每件事情的过程中我们具有什么样的技能；最后，在三件事情中重复出现的技能，就是我们的核心技能。

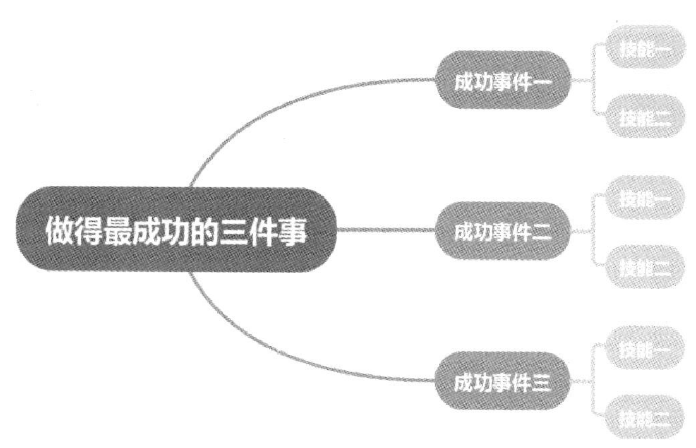

图 2-1　三件事回顾法

曾经有一位法律专业的大学应届毕业生找到我，让我帮助他打造个人品牌。在对他进行核心技能定位时，他列出了自己认为做得最成功的三件事。

第一件事是他在大学生涯中一直担任学生会主席，曾经带领学生会成员成功举办过几次大型校园活动，得到了学校师生的广泛好评，并且在学生会中，他的威望很高。这件事情反映出他的组织能力、沟通能力、管理能力较强，能够很好地调配人员、安排时间。

第二件事是他联合同专业的同学，举办了一次与法律知识相关的辩论赛。为了这次辩论赛，他首先邀请了很多法律专业的学生，组成多支队伍参与比赛；然后在学校范围内广泛宣传，邀请老师做辩论赛裁判，邀请同学到场观看辩论赛。最后这场辩论赛圆满成功，他所在的队伍获得第一名。有的同学在看完后评价道："这场辩论赛在我灰暗的校园生活中增添了一抹色彩。"这件事情反映出他良好的人际交往能力、组织能力和沟通能力，以及过硬的法律专业知识技能。

第三件事是他在大四实习时进入中国排名前 30 的律所，在实习过程中表现优异，协助处理了几起案件，在其中起到了重要作用，获得了领导的高度赞扬。他与同事也相处融洽，如果没有意外，他能留在这家律所工作。这件事情反映出他的法律专业知识技能过关，学习能力强，沟通能力强。

通过分析这三件事，我们可以得出这位大学生具有组织能力、沟通能力、管理能力、人际交往能力、法律专业知识技能、学习能力等。其中，法律专业知识技能、组织能力和沟通能力反复出现，这三大能力就是他的核心技能。

在明确了他的核心技能后，我们可以发现，他非常适合做一名律师，完全能够胜任律师这份工作。那么，他在打造个人品牌时，就可以将律师作为自己的第一定位。

在得出自己的核心技能后，有些人可能会认为自己的核心技能看起来并不"高大上"，但我们应该记住：**再小的技能，也有大市场**。那些看起来并不值得炫耀的技能，做到极致，也能成就我们的个人品牌。比如，我的朋友圈里有一位专门清洗空调的师傅，清洗空调并不需要多么高深的技能，然而这位师傅将清洗空调做到了极致，他每次上门清洗空调，都非常细致、认真地将每个缝隙清洗干净，凡是被他服务过的客户没有不满意的。这位师傅十分自豪地在朋友圈写道:“方圆十公里的空调都是我清洗的。”

每个人的核心技能不尽相同，有的人并不像这位大学生一样，一开始就有法律专业知识技能。在这里，我根据以往的经验列出了各种核心技能对应的职业选择，供大家参考，如表 2-1 所示。

表 2-1　核心技能对应的职业选择

核心技能	职业选择
逻辑分析能力	营销策划、市场运营、广告、媒体推广等
管理能力	自主创业、行政管理、管理者等
语言表达能力	公关、销售、讲师、主持人等
文字表达能力	作家、撰稿人、文案写作等
同理心	心理咨询师、教师等

2. 你爱——自己爱做什么

在明确了自己能做什么后，还存在一些情况，会阻碍我们进行个人核心技能定位。比如，我们通过回顾过往成功事件，发现自己有多项技能，每项技能都比较出色；或者我们的核心技能并不足以支撑我们打造突出的个人品牌。

乔布斯在 2005 年斯坦福大学毕业典礼上发表演讲时说过一句话:“成就大事的唯一方法就是热爱自己所做的事。如果你还没有找到，那么继续找，不要停下来。”

这告诉我们，在不确定自己的核心技能或者不知道选哪项技能作为核心技能时，我们可以从“自己爱做什么”出发，询问自己三个问题：我喜欢做什么事情？在做哪些事情时，我的内心是充实、愉悦的？在做什么事情成功后我的成就感最强？

比如，我的语言文字表达能力、沟通能力、学习能力等都比较强，也学习了不少技能，但我最喜欢做、最能让我有成就感的事，是帮助他人打造个人品牌。在成就他人的事业时，我的内心感到十分充实。

打造个人品牌是一件长期而持久的事情，我们难免会出现懈怠、厌倦的情况。如果我们在确定自身的核心技能时，选择的是自己不喜欢做的事情，那么一旦遇到困难，我们就很容易放弃，因为这件事情我们并不喜欢。反之，如果我们对这件事情抱有极大的热忱，那么哪怕千难万险，我们也会努力将它做成。这也正是进行自我剖析的第二步是明确自己热爱什么的原因。

将“自己能做什么”与“自己爱做什么”结合起来，就能知道我们能够提供什么样的价值，适合从哪个方向切入。

2.2.2 赛道分析：入局高价值市场

需要注意的是，个人核心技能并不是一成不变的。有时我们可能会被动地更换核心技能。比如，某些行业遭遇寒冬，与行业相关的技能无用武之地。有时我们也可以主动地更换核心技能，以更好地打造个人品牌。比如，在短视频风口来临时，许多人纷纷转场短视频制作，成为短视频运营达人。

无论是主动选择还是被动选择，我们都可以入局以下四个赛道，把握未来的趋势。

1. 写作赛道：出版个人作品

对喜欢写作的人来说，图书出版是快速打造个人品牌的一条捷径，但同时也是最容易被人忽视的一种方式。

纸质图书、报纸或期刊被统称为传统的出版物，也是让读者最具有阅读体验的出版物。但近几年，随着互联网的逐渐兴起，除了传统的出版物，出版市场上又兴起了电子书、有声书等，它们在传统出版物的基础上，极大地提高了阅读的便捷性与时效性，也方便了更多读者学习。在图书选题方面，如果我们能抓住时下热点或读者痛点，就极有可能打造出一本爆款图书，从而打开自己的知名度。

比如，《哈佛女孩刘亦婷》一书的作者刘卫华，正是靠这本书的影响力得到了读者的认可与喜爱，并在后续出版了“哈佛女孩刘亦婷”系列书籍，累计畅销200多万册。同样，职场界的“网红大叔”——秋叶，也是在编写了《说服力：让你的PPT会说话》一书后，才逐渐建立了自己的个人品牌。

对喜欢写作的人来说，图书出版是快速提升个人知名度的最佳途径。但对一般人来说，编写一本可读性强、内容有深度的图书，并借助出版社的力量来提升和打造个人品牌并非易事。除写作时间外，整个过程考验的不只是逻辑能力与写作经验，个人的坚守与持续的热爱也很关键。换言之，如果你写的书能达到出版标准，即使不能大卖，至少也圆了出书梦，有一份拿得出手的作品。如果内容写得好，能达到畅销书标准，上市即成为爆款，那么你的个人品牌便由此建立。

合壹文化的创始人庞金玲便是利用自己的写作技能成功建立了个人品牌。11 年前，庞金玲从华为辞职，开始了在家专职写作的日子。庞金玲作为一个名不见经传的撰稿人，没有社会资源，没有任何背景，凭借着一腔热爱与激情，以及一颗永不畏惧的心，在这一行业深耕 11 年后，创立了自己的公司，并在行业内逐渐站稳了脚跟，打开了自己的知名度。2021 年，庞金玲与知名厨电品牌方太集团合作，助力企业文化建设，著有《方太文化》一书。该书一经上市，便在全网畅销，在经管图书领域创造了“10 万 +”的好成绩。

在现实生活中，很多人空有一腔写作的激情却不懂让写作成为自己的一项技能，认为成功很难，想要建立自己的个人品牌更难。但事实并非如此，只要你懂得坚守心中的那一份热爱，也懂得为梦想去努力打拼，并且用对了方式方法，你就会发现成功并不是那么遥不可及的。

2. 咨询赛道：找到问题，界定问题，解决问题，为高质量用户提供个性化解决方案

在互联网信息时代，万物互联，快节奏的生活也催生了咨询服务行业的蓬勃发展。从长远来看，咨询师是一个非常有前景且发展潜力巨大的职业，尤其是在服务业转型升级的重要阶段。不过，这里所指的服务业并非指餐饮、住宿等传统服务业，而是指智慧服务业，即咨询服务。

咨询服务的核心是运用互联网技术与平台，结合市场需求，给用户提供多元化的个性定制服务，并运用云技术等手段给用户提供精准、高效的数据资料。通过这些方法与技能，帮助用户找到问题，梳理各种状况，再界定问题，最终提供个性化的解决方案来解决问题。这些问题包括企业经营、战略设计、组织搭建等管理方面的问题。

咨询服务可分为企业咨询、战略咨询、管理咨询、技术咨询、财务咨询、营销咨询、人才咨询、信息咨询、商业咨询、心理咨询等多个领域。

王萌在大学毕业后进入了一家管理咨询公司，他虽是“职场菜鸟”，但因为人真诚，做事勤恳，很快便受到了同事们的肯定。一转眼，五年过去了，公司在创始人的带领下一路突飞猛进，管理机制、培训机制与服务机制日趋成熟，很快便在行业内牢牢地站稳了脚跟。

而当初的“职场菜鸟”王萌，也在公司这几年的发展中，不断地去学习，升级自己的知识储备，倒逼自己把知识逻辑化、系统化，通过与不同的用户深度交流、沟通，加深了自己对行业的理解，修炼了咨询技能，逐渐成长为独当一面的管理咨询教练。他在积累口碑的同时，也成功地建立了个人品牌。

3. 社群运营赛道：杜绝“死”群，用对方式方法打造高质量内容社群

一种基于互联网模式的新型人际关系——社群，已悄然出现

在我们的周围，而在社群基础上产生的社群经济，也逐步衍生为一种新的商业模式。因此，如何运营好一个社群，便成为当今社会备受关注的话题。

很多人在运营社群时无一例外地都会遇到这些问题：群成员不活跃，在活动结束后几分钟内就有人退出群聊，或者该社群立刻沦为广告垃圾群。以上问题又该如何解决？

一般来说，擅长做社群营销的人，心中一直有这样一个理念：没有任何一个社群可以长久地保持活跃，需要定期过滤一些与社群不同频的群成员，逐渐积累并沉淀优质粉丝，并通过不断地建立新社群这样一种方式来保持社群的新鲜活跃度。如此，其在微信朋友圈或微信群发布的内容才会更受社群成员的追捧与喜爱，推荐的产品才能让大家产生意愿去购买。

秋叶社群的创始人秋叶，就是这样一个人。他创建的秋叶社群汇聚了各地一二线城市的职场人士，他们在社群内一起沟通、交流，一起成长。

除此之外，作为普通人，如果想要运营好自己的社群，打造一个优质的社交圈层，在保持社群活跃的同时，还需要在群内容的发布和互动方面保持高效，掌握一些方式方法，这样才能更好地建立与社群成员之间的联系。

比如，定期分享高质量的内容、发起有意义的群讨论与群签到；创造不同平台或不同用户之间的有效连接，建立强关联；组织一些线上交流会；赠送粉丝福利；真诚互动，增强群成员的情感，提高群成员的参与积极性等。在群成员逐渐沉淀并形成一定规模后，社群还可以走向会员制，让群成员享受到更好的体验与服务。同时，社群运营者也可以借助粉丝黏性和传播力度，去争取更好的商业资源，在带动团购的同时，实现活跃社群、壮大社群的目的。

4. 短视频赛道：持续爆红，账号热度只增不减

近几年，短视频平台的兴起，让很多人从中看到了商机，这些人纷纷使出十八般武艺，希望能在众多的短视频中突围成功，吸粉无数，成为短视频带货大主播，实现财务自由。尤其是抖音上“彩虹夫妇”“陈三废”的成功，更是燃起了很多人的“网红梦”。

理想很丰满，现实很骨感。一番折腾下来很多人发现，平台虽多，想突出重围的人也很多，竞争力也强，并不是每个人都能像专门拍摄农村情景剧的抖音博主“张同学”那样（见图 2-2），在短短数日之内便能利用短视频的影响效力来达到一夜涨粉百万个的目的。

我们通过观察不难发现，那些成功吸粉的短视频创作者，他们的内容策划、脚本撰写、拍摄剪辑、数据分析等，与普通的素人账号有着天壤之别。他们拍摄的短视频不仅选题接地气、内容通俗易懂，而且将内容与当下热点结合，能快速引起粉丝的共鸣。

图 2-2　抖音博主“张同学”

就拿撰写脚本来说，普通人一般是随意拍摄，哪个场景有趣拍哪个。但“张同学”在主题定位、人物场景设置、故事线索、背景运用、镜头运用（远景、全景、中景、近景、特写、微距）等环节，处处显示出专业的剪辑技能与拍摄手法。

在“张同学”爆火后，很多人纷纷模仿他的拍摄手法，更有人质疑他是专业人士。事实上，“张同学”只是辽宁营口当地的一个普通人，也曾创业失败数次。后来，怀揣着对短视频的热爱和对田园生活的向往，“张同学”自学了这方面的技能，一步一步地拥有了今天的成就。

曾有人对“张同学”发布的一条点赞量较高的视频做了数据分析，发现在这条 5 分钟的短视频里，他一共用了 133 个分镜头。这 133 个分镜头远近切换，一气呵成，每一个分镜头都踩准了音乐节奏。整条视频看时给人一种极为舒适的体验感，仿佛有一种无形的魔力，让人不忍错过每一帧画面。

成功不是偶然的，在人才济济的短视频平台，想要成功吸粉，成为带货大主播，除了要有上面所述的拍摄、剪辑、运营的技能，还要做好自己的人设定位，打造独特标签，这样才能吸引更多的粉丝。

2.3 二“定”外在形象：你该展现出怎样的形象

世界上没有完全相同的两片树叶，也没有完全相同的两个人。单单在外在形象上，我们每个人就天差地别。而外在形象是我们识别一个人的基础，可以说，我们一提起某个人，第一时间就会想起他的外在形象。因此，在确定核心技能后，我们还需要对自己的外在形象进行定位。

2.3.1 外在形象的七大要素

在通常情况下，人的外在形象包括七大要素——性别、年龄、外貌、身材、声音、服装、仪态，如图 2-3 所示。

这七大要素是外在形象中最重要的部分，将这七大要素展现出来，能让我们的个人形象更具特色。我们在选择和设计外在形象时，可以参考一些方法，将外在形象的每个要素都充分调动起来。

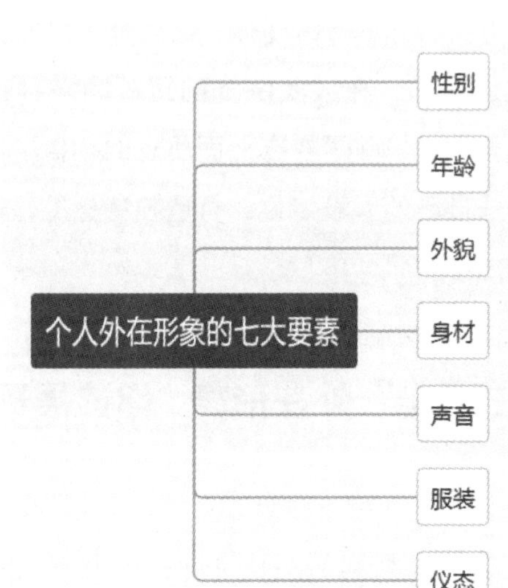

图 2-3 个人外在形象的七大要素

1. 性别和年龄

性别和年龄是我们无法改变的两大要素，是人的基本生物特征。虽然这两者我们无法选择，但可以巧妙设计，使其与个人品牌相对应。比如，张国荣在电影《霸王别姬》中扮演当红戏曲名角程蝶衣，虽为男性，但其反串的戏曲扮相却惊艳到让观众难辨雌雄，这不仅成为华语电影史上难以超越的巅峰，也让观众一下就记住了他的名字。

2. 外貌

外貌包括人的面部轮廓、五官、肤色、毛发等，这些要素的组合形成了每个人独特的样貌和气质。样貌和气质难以改变，但并非无法改变。比如，男士要想让自己看起来更加成熟、稳重，可以蓄胡须；女士想让自己看起来更加青春、有活力，可以尝试坚持做运动等。

值得注意的一点是，眼神是我们改变个人气质的重要法宝，眼神坚定能让我们看起来更加自信、真诚。

3. 身材

身材也是人外在形象的重要展现要素，我们可以根据个人品牌的特点塑造自己的身材。比如，莉莉是一个模特，她的身材特点是又瘦又高。有一段时间她感到压力很大，每天都摄入大量高热量食品，导致她长胖了不少，在拍摄广告时受到了广告商和摄影师的严厉批评。于是她开始运动，终于在三个月后恢复到之前的体重。

除了根据个人品牌的特点塑造身材，我们还可以根据自己的身材打造个人品牌。比如，在互联网平台上，涌现出了一批“小个子”“胖女生”模特，她们以自身身材为特点，发布“小个子女生穿搭指南”“胖女生穿搭指南”等内容，吸引了一批具有同样身材的用户，也塑造出别具一格的个人品牌。

同时，我们的体形也可以用来打造个人品牌。比如，互联网上将人的体形形象地划分为“梨形身材”“苹果形身材”等，许多穿搭博主自己试穿衣服，发布“梨形身材穿搭日记”“苹果形身材穿搭日记”，成功树立个人品牌。

4. 声音

俗话说:“闻声如见人。”声音是语言交流的基础和媒介，通过声音，我们可以大致获得一个人的性别、年龄、情绪、文化修养等诸多信息。可以说，声音是人的“第二张脸”。

试想一下，如果有一位西装革履的男性与我们初次见面，可他的声音却非常尖利、刺耳，他在我们心中的印象评分是否瞬间降低了？一个行业专家在台上演讲，可他的声音却微小、无力，我们是不是会在心中暗暗怀疑他的专业度?

由此可见，声音也是我们在打造个人品牌时不可忽视的外在形象要素。在对声音进行塑造时，我们要关注声音的大小和高低，以及声音的表现力。声音太小，显得软弱而缺乏主见；声音太大，显得聒噪；声音太高亢、尖利，显得神经质；声音太低、太弱，显得精神不振。我们在与人说话时，要保持声音大小适中、高低适中，给人以沉稳、明朗的印象。

声音的表现力和情绪有关。当情绪愉快、饱满时，声音就会自然上扬；当情绪低落时，声音就会变得低沉。我们在说话时，可以用声音来表达情绪，让自己的声音更富有表现力，但不可过于夸张和做作。

还有很多人在说话时会带上口头禅，但他们自己却察觉不到。最常见的口头禅有嗯、就是、所以说、这个、那个、不是的等。在有的场合，说话时带口头禅是无伤大雅的，但在一些特定的场合，过多的口头禅会让我们的语言魅力大打折扣，影响到我们的个人品牌打造。

5. 服装

得体的着装能体现一个人的精神面貌和审美情趣，在不同的场合中选择适合的衣服体现了一个人的修养。

比如，我们常提及的“职业装”，之所以许多正规的大企业都要求员工穿职业装上班，是因为服装能直接体现一个人的精神风貌。合体的着装可以在视觉上迅速给人留下第一印象，所以，在打造个人品牌时服装的功能也不容小觑。

6. 仪态

仪态也是我们在打造个人品牌时不可忽视的要素。

比如，一位芭蕾舞演员在下了舞台后，如果马上弓腰驼背，即使她在舞台上表现得再好，被观众看到这一幕也会影响她在人们心中的专业形象。所以，我们要尽可能地保持一个好的仪态，不驼背、不跷二郎腿、不抖腿，维护自身形象。

2.3.2 外在形象的选择和设计原则

可能会有人感到不解：“外在形象还需要定位吗？外在形象怎么改变呢？我们长什么样子，就展现给用户什么样子啊！”事实上，外在形象也是可以选择和设计的。如果外在形象选择、设计得好，就能为个人品牌增光添彩；反之，则有可能给个人形象带来颠覆性的负面影响。

我有一个在会计师事务所做审计工作的朋友，她的专业能力十分过硬，却不太注重自己的形象。有一次，她在见客户时穿了一套皱皱巴巴的运动服，因此受到了上司的批评。对此，她感到十分委屈和不解。

这位朋友在和我谈起此事时说道："比起花枝招展的服装，客户应该更在意财务分析报告的专业性和准确度吧！"

在听了她的话后，我反问："客户和你第一次见面，并不知道你的专业水平，他又怎么知道你写的财务分析报告既专业又准确呢？在正式的商务会面中，打扮如此随意的人真的很专业吗？"朋友被我问得哑口无言。

我相信，和我的这位朋友抱着相同想法的人一定不在少数，他们认为工作能力和专业水平才是第一位的，穿着打扮都是细枝末节，不必太在意。我认为，这种想法是十分片面的，因为外在形象是个人品牌的重要构成部分。

外在形象可以向他人传递出很多信息。在双方互不了解的情况下，人们会根据我们的外在形象"以貌取人"，形成对我们的第一印象。第一印象会深刻地影响他人对我们的判断，如果我们给他人留下了负面的第一印象，后期是很难扭转的。

因此，我们必须重视自己的外在形象，用得体的服饰展现自己的风采，注意自己的一言一行，在举手投足之间展现个人气质。

总体来说，在进行外在形象的选择和设计时，我们需要遵循以下两个原则。

1. 原则一：外在形象与个人品牌相统一

外在形象选择和设计的第一个原则是让外在形象与个人品牌相统一。在解释这个原则的含义前，我们可以先想象以下场景：

一名专业律师穿着大裤衩和人字拖去见客户；一位女士在应聘会计时穿着大红裙子去面试；一位男士上台演讲时，头发盖住眼睛；一位老师在餐厅吃饭时脱掉鞋子，将脚放到餐椅上……

律师的个人品牌关键词是专业、稳重，穿上大裤衩和人字拖会让客户瞬间失去对他的信心，在很大程度上不愿意让他接手自己的官司；会计是一份需要细心、耐心的工作，该女士在面试时穿着大红裙子，容易让人觉着她比较浮躁，很有可能面试失败；上台演讲，台下的观众全部看着演讲者，如果头发盖住眼睛，演讲的内容再好，情绪再饱满，也很难感染观众；老师是教书育人的，自身素质应该很高，但这位老师在餐厅脱鞋，还将脚放在餐椅上，是很不文明的表现，很容易被人评价素质过低。

这就是外在形象与个人品牌不统一的负面现象，那些与个人品牌不匹配的外在形象，会一步一步地毁掉我们辛辛苦苦在用户心中留下的好印象。

有的人可能会说，选择什么样的外在形象是每个人的自由，什么样的人应该选择什么样的外在形象，都是过去人们留在脑海中的刻板印象，那些外在形象与自身职业特点不相符的人，也能打造出标新立异的独特风格。诚然，这句话有一定的道理，我们应该尊重每个人对外在形象的选择。但不可否认的是，不合适的外在形象，非但不会形成标新立异的风格，还会让我们在用户心中的形象大打折扣。

那么，什么是外在形象与个人品牌相统一呢？其实很简单，就是我们在选择和设计自己的外在形象时，要基于个人品牌的调性，去调整外在形象，不让外在形象与个人品牌之间存在违和感。

2. 原则二：打造突出的形象记忆点

外在形象选择和设计的第二个原则是打造突出的形象记忆点。什么是形象记忆点？形象记忆点是指我们的外在形象中存在的能被用户记住的某个独有的特点。

形象记忆点要与个人品牌中鲜明的特征相结合。比如，姚明是篮球运动员，那么其突出特征就是身高高于常人，姚明在与许多普通身高的人合影时，就能够固化其“东方小巨人”的个人品牌；吉克隽逸是少数民族歌手，在众多“以白为美”的歌手中，她较黑的皮肤能够体现出其少数民族特色，展示出她的独特性；杨迪看起来不符合大多数人的审美，然而他并没有刻意扮美，而是突出自己的“诙谐”，同时在喜剧表演方面下功夫，让人一看到他就感到好笑、幽默，形成了独特的个人品牌。

如果我们的外在形象与个人品牌相契合，但并不能形成很高的辨识度，没有独特又突出的形象记忆点，也很难在人群中突出重围。这正是很多人打造个人品牌多年，却始终没有在用户心中留下深刻印象的重要原因。

大多数人都是平庸的，摆脱平平无奇的办法，或许就是为自己打造一个形象记忆点，让人过目难忘。但需要注意一点，形象记忆点并不是越多越好，有的人为了打造形象记忆点，将自己“全副武装”，这样不仅耗费了大量精力，也会掩盖住最想突出的形象记忆点。

2.4 三“定”个人特质：你有什么样的社会特征

个人特质是区别于外在形象的，是指处于社会中的我们所呈现出来的社会特征。人和社会是相互联系、密不可分的。社会就像是树木茂密的森林，而我们就是森林中的某一棵大树，既无法脱离森林，又要在森林中与其他树木共享阳光、空气和水资源。要想在社会竞争中脱颖而出，我们有什么样的社会特征，至关重要。因此，个人定位的第三步就是定个人特质。

2.4.1 个人特质的十大要素

人的个人特质通常由十大要素组成，包括姓名、性格、生活方式、人际关系、所属地区、行业、职位、职业技能、荣誉和爱好，如图 2-4 所示。

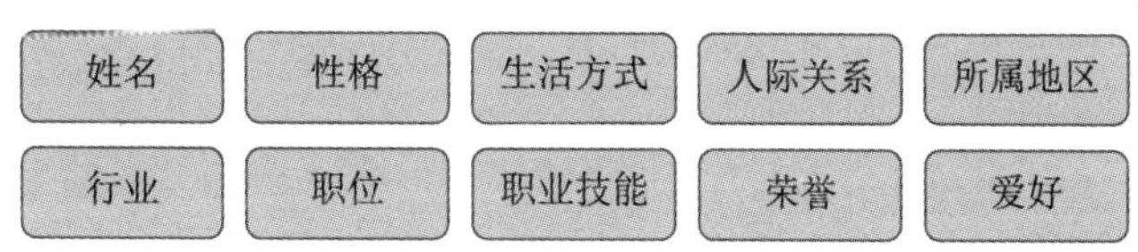

图 2-4 个人特质的十大要素

1. 姓名

人们常说："赐子千金，不如赐子一艺；赐子一艺，不如赐子好名。"姓名是一个人从出生就具有的重要个人特质，虽然不能决定人的命运，但带有浓厚的时代气息，体现了文化观念，承载了父母对我们的莫大期望与祝福，对我们的人生有着潜移默化的影响。

姓名是我们对一个人最基本的称呼，是在社会交往中代表个人的基础符号。姓名与一定的含义、形象联系在一起，我们记住一个人，也常常是从记住他的姓名开始的。在打造个人品牌时，我们的姓名也格外重要。虽然姓名不能轻易改变，但我们可以给自己起一个具有形象记忆点的昵称或网名，来让用户更快地记住我们。

2. 性格

性格是一种重要的个人特质，受到人的成长环境、遗传基因、社会实践等各方面的影响。性格没有好坏之分，我们只需要评判自己的性格是否与个人品牌相契合。当自身性格与个人品牌相违背时，我们就要尝试着改变不合适的性格。比如，我们想打造一个独立、自主的职场女强人形象，但自身性格比较怯懦、胆小，这就需要我们慢慢磨炼自己，改变自己的性格。

3. 生活方式

生活方式是指我们在非工作状态下的行为方式。我们可以选择自己喜欢的生活方式，并将其展现给用户，这样做可以为我们的个人品牌增加另外的亮点。比如，我们非常热爱跑步，每天坚持跑步，还经常参加马拉松长跑比赛，就会在别人心中留下“热爱运动、热爱生活”的印象。

我的微信列表中有一位因为工作关系添加的好友，我与他交流并不多，可我却非常确定他是一个相当自律的人。因为几乎每天他都早早地在朋友圈问好，在一天结束之后的微信运动里他也有一万步以上的运动量。他将自己的生活方式进行了展示，即便是与他交流不多的我，也能对他是一个什么样的人有相对准确的了解。由此可见，生活方式的确是我们在打造个人品牌时尤其需要重视的一项个人特质。

4. 人际关系

人际关系的构建是一个人的个人特质中非常重要的部分。如果人际关系构建得好，对打造个人品牌将是一大助力。

我们经常在朋友圈或一些其他的社交平台上，看到一些人与名人的合照；在一些餐厅里，也贴有名人前来消费的照片。这些都是在展示自己的人际关系和社会资源。

5. 所属地区

中国人对家乡有着深厚的感情，所属地区相同的人之间总有一种特殊的情谊，“老乡见老乡，两眼泪汪汪”便是这种感情的真实写照。

比如，我们可以通过方言、地标等地域属性明显的元素，强调自己的所属地区，在个人品牌里融入自己所属地区的特点。

6. 行业、职位、职业技能

这一点与上文中提到的核心技能息息相关，有时我们的核心技能就是我们的职业技能。但这种情况并不绝对，并且行业、职位和职业技能是我们个人特质的重要组成部分，我们在定位个人品牌时，不能忘了这部分内容。

7. 荣誉

荣誉是对我们过往人生中最高成就的展示。我们能够获得用户的信任，很多时候依靠的就是我们获得的荣誉。因为那是我们实实在在获得的成绩，不是我们胡编乱造的，是个人专业能力的真实体现。在打造个人品牌时，我们可以突出展示自己曾经获得的荣誉。

8. 爱好

爱好有时候也能发展成我们个人品牌中的重要特质。比如，有的人喜欢弹钢琴，在公司举办年会时，他上台弹了一首钢琴曲，弹琴的姿势优雅，琴声悦耳动听。在年会结束后，领导和同事对他的印象又好了几分。

一个人的个人特质主要从这十大要素中体现，我们在进行个人品牌定位时，要将这十大要素考虑进去，从中找出自己有优势的要素重点展示。

2.4.2 个人特质的呈现方式

个人特质包含的要素较多，通常在两种情况下，我们会陈述自己的个人特质。一是在现实生活中需要我们进行自我介绍、呈现个人简历的场合；二是在网络上需要我们打造虚拟形象的场合。

1. 现实生活中的自我介绍、个人简历

在现实生活中，我们呈现个人特质的场合往往是在进行自我介绍和填写个人简历时。虽然还有其他场合，但这些是最具代表性的两个场合，所以我们重点展开来讲。那么，我们究竟应该怎样做自我介绍、填写个人简历呢？

无论是自我介绍还是个人简历，几乎都涉及个人特质中的十个要素，充分展示出我们的社会特征。但要具体说明这十个要素中的哪些要素，我们可以依据场合选择。比如，在正式面试场合，我们就要突出自己的职业技能及荣誉；在一些较为轻松的娱乐场合，我们可以挑选自己的爱好、性格、所属地区等进行说明。

比如，一名专业律师在面试时进行自我介绍，可以这样说："我叫 ×××，我是一名律师，毕业于 ×× 学校，曾经代理过 ×× 案子，对 ×× 类型的官司最为擅长，曾经荣获过 ×× 荣誉……"

2. 网络上的虚拟形象

假设一名律师的网名叫杰尼龟、头像是一只小狗，朋友圈也没有任何有价值的信息，那么他的客户在添加他的微信后，会对他产生信任吗？会放心把官司交给他吗？我想每个人都会犹豫一下，这就是网络上的虚拟形象对客户的影响。

当网络成为新的信息传播载体时，我们的个人品牌也要依靠网络来打造。这就不得不提到我们在网络上的虚拟形象，网络虚拟形象树立得好，我们也会因此获得更多的关注与认可。

在依靠网络虚拟形象呈现个人特质时，我们主要从网名、头像、个人简介这三个方面出发。

1）网名

有些人认为网名不重要，就随便取一个网名，或者使用各个平台自动生成的编号式网名。事实上，网名就是我们的第二个名字，是他人在网络上识别我们的重要依据。

在 2021 微信公开课 PRO 上，微信创始人张小龙曾提道："长期以来，微信的最大价值是每个人的微信 ID，但这个 ID 是社交层面的，视频号的出现填补了微信在公开信息领域的不足，这让我开始从更深层次的角度来思考互联网时代下身份 ID 是什么，以及有什么意义。"

对于张小龙提到的 ID，我们可以将其理解为我们在网络上与人交流的昵称，也就是我们的网名。取一个与自身特质相符，又令人过目不忘的网名，是我们在打造个人品牌时不可或缺的一部分。

我们在取网名时，也要保持网名与个人品牌的一致性，取一个好记忆、好理解、好传播的“三好”网名。如何取与个人品牌相契合的“三好”网名？我们可以采取以下三种方式。

- 本人姓名或艺名、化名

直接采用本人姓名作为网名，能让我们的网络知名度与线下知名度同步扩大。这里所说的本人姓名，不仅仅局限于本人的真实姓名，还可以是已经被一些人熟知的艺名、化名等。比如，“张美丽”具有一定个人特色，让人看到之后不禁想问“她真的长得很美丽吗”，能给人留下深刻印象。

- 本人姓名 + 行业 / 职业 / 职业技能关键词

本人姓名与行业、职业、职业技能关键词相结合，也是一种较好的个人网名取法。比如，“畅销书作家庞 × ×”“体重管理李 ×”“张 × × 聊创业”“胡 × × 美妆”“徐 × × 美食”“× × 英语老师”等。

这类网名主要将个人姓名与个人品牌中的其他特征相结合，让人一眼明确我们的行业、职业或职业技能是什么。当我们的网名出现在用户面前时，他们能够形成初步记忆，一旦需要相关的帮助，就会第一时间找到我们。

- 地名 + 行业 / 职业 / 职业技能关键词 + 姓名

第三种取网名方式是地名、姓名与行业、职业、职业技能关键词相结合。这种取网名方式主要用来强化我们的地域特色，吸引区域内的用户，如“四川吃货小张”“天津消防员阿伟”等。

这样的网名更加朗朗上口，包含的信息量也更大，能将地域、行业领域和姓名呈现出来，有利于传播出去。

2）头像

头像在网络世界也非常重要，是和网名一起在第一时间呈现给用户的。可以说，我们在用户心中的形象如何，几乎全取决于头像和网名。而头像选择和设置又是很多人容易忽视的，我们在选用头像时，要遵守三个原则。

第一个原则是头像清晰、美观，这是最基本的要求。如果我们的头像模糊又不符合大众审美，就会在用户心中留下不好的印象，那么即使我们真人再优秀，也很难颠覆用户对我们的印象。第二个原则是头像符合个人特质。一个人的头像再美观，如果与自身特质不相符，也会令用户产生割裂感。我们的真人与头像完全不同，不利于我们打造线上线下一致的个人品牌。第三个原则是头像一旦选用，不要轻易更换。频繁更换头像，会让用户失去已经对我们形成的印象，每换一次头像，就相当于让用户重新认识我们一次。

具体来讲，在选用网络头像时，我们可以选择以下三种类型的头像。

• 真人头像

真人头像可以是我们的生活照、艺术照，照片中我们的形象、风格要与我们提供的核心技能相符。比如，阿花是一名管理咨询老师，那么她在选用真人头像时，就要选用正式的、庄重的照片，以在用户心中留下成熟、稳重的印象。

"爱美之心，人皆有之。"当我们的外在形象比较好时，我们要善于将这一点展示出来，利用颜值较为突出的真人照片，吸引一部分用户。不过我们也无须因为自身颜值不够好而不敢使用真人照片作为头像。用真人照片做头像的主要目的是让用户直观地看到我们的外在形象，通过真人照片认识我们，这样做容易建立双方之间的信任关系，拉近我们与用户之间的距离。

另外，我们在网络平台上输出价值观、发布内容时，如果使用真人照片做头像，能够降低内容被搬运或被抄袭的概率，有利于维护自身的知识产权。

- 卡通头像

卡通头像是指一些动漫卡通人物，或者自己设计、绘制的漫画形象。在使用这种头像时，我们需要注意的是，选用的动漫卡通人物要与自身特质相符。比如，有的动漫人物性格中最突出的特点是温柔，而我们也想打造一个温柔的人设，便可以采用这个动漫人物作为头像。

在通常情况下，卡通头像适合搞怪、俏皮、可爱风格的人，如果我们从事的职业非常严肃，那么不建议选用卡通人物作为头像。

- 道具头像

道具头像也是在打造个人品牌时人们常使用的头像之一。这里的道具是指与我们的行业、职业或职业技能息息相关的重要物件，这个物件就像一个具有指代意义的关键词，能够展示我们的信息。

比如，花店老板通常将自己的头像设置为一束鲜花，用户一看就知道他的职业与花有关；在一些短视频平台上，我们常常可以看到一些宠物博主将自己的宠物作为头像，也能被用户一眼识别身份。

以上三种头像类型，并不是我们选用头像的唯一标准，只要是我们打造出的具有辨识度、符合自身特征的头像，就可以使用。但一定要注意，不要选用一个和自身特征毫无关联的头像，这相当于白白浪费了头像这个绝佳的宣传位置。

3）个人简介

无论是在微信、抖音，还是在其他互联网平台上，我们都可以通过个人简介展示自己的信息。把握好这“一亩三分地”，言简意赅地打造出一个令人印象深刻的个人简介，对网络形象呈现也非常重要。

个人简介通常不需要太长，几句简短的话即可，具体写什么内容，我们可以从以下三个方面自由选取。

- 表明身份

表明身份是告诉用户我们是一个什么样的人。每个人都有多重身份，个人简介中写到的身份应当是我们诸多身份中最具影响力的那一个，如“×× 品牌创始人”“×× 书籍作者”“×× 机构导师”等。这些带有明显身份特征的语句，既是对个人主要荣誉的概括，也能直观地表明我们所处的行业领域。

- 表明态度

几乎每个人都会在个人简介中表明态度，这里的态度既可以是我们对人生、对工作的态度，也可以是个人价值观或一直以来使用的座右铭。表明态度的语句通常比较抽象，如“有理想，有态度，有生活激情”“保持热爱，保持活力”“坚守初心，矢志不渝”“永远年轻，永远热泪盈眶”等。

个人简介是带有力量的，我们在表达自身态度后，能够吸引与我们持有同样态度的用户，也能让用户看到我们付出的努力或拥有的信心、决心，让我们在同质化竞争中脱颖而出。需要注意的是，我们最好选择具有正面导向的句子表明态度，以免产生负面影响。

- 表明联系方式

在个人简介中，我们还可以注明自己的联系方式，方便用户联系我们。有些时候用户非常需要我们的帮助，如果没有我们的联系方式，就很可能转而联系他人，这就让我们丧失了一次机会。所以，我们要在个人简介中醒目地表明自己的联系方式。

个人特质的呈现方式多种多样，我们切忌过多地强调个人特质，只需要挑选最关键的特质展示即可。

第 3 章

内容公式：

你该如何输出优质内容

“内容为王”是永不过时的箴言。打造个人品牌，不输出优质内容，就相当于只有一个“花架子”。或许有人会说：“输出内容是专业自媒体运营者或‘网红’的‘必修课’，普通人不需要输出内容。”非也。我们做的每一件事情，如发布的每一条朋友圈、说出的每一句话、写的每一篇文章……都是普通人的内容输出。

3.1 发微信朋友圈：锚定熟人圈层

微信在功能上的便利及强大的社交属性，造就了它非同一般的“名片”属性。美国社会学家欧文·戈夫曼曾提出“拟剧理论”，他认为人们一直都很重视印象管理，我们就像在舞台上表演的演员，会有意无意地运用各种道具（如语言、文字、肢体动作、表情等）及技巧，预先设计并特意展示自己的形象，使周围人对自己形成特定的看法，努力获得某种良好效果。

其实，这正是我们每一个人打造个人品牌的“心路历程”。**在微信朋友圈中，每一个人都可以在大众面前进行“演出”**。方便、实用的微信朋友圈，是我们每一个普通人最值得信赖，也最依赖的“舞台”。它相对于现实环境而言，没有太多的时间和空间限制，我们可以随时随地在微信朋友圈以文字、图片或视频等形式进行内容输出。

区别于其他网络社交平台上个人内容的公开性，微信朋友圈具有一定程度的私密性，并且倾向于分享轻松、随性的日常化内容。由于朋友圈中的沟通发生在熟人之间，因此，我们在微信朋友圈中建立的形象将更容易影响到现实生活中他人对我们的看法。换言之，这是一个普通人更容易把控的个人品牌传播渠道。

我最初也没有太过重视微信朋友圈这一打造个人品牌的渠道，虽然自己已经走上了打造个人品牌的工作道路，可是最开始对个人品牌传播的认知还停留在“通过特定平台的特定账号进行特定的展示”阶段。我的微信朋友圈内还随性地充斥着许多情绪化的吐槽与“矫情”感言。

直到有一次，我的一位学员在与我闲聊时忽然感叹：“老师原来还是拥有童趣的人，平时上课的时候倒没看出来。”在几番沟通后，我意识到是我平时在微信朋友圈内情绪化的吐槽给他留下了这样的印象。显然，这种略显“幼稚”的行为与我需要呈现的个人状态是相悖的。

或许我们经常在朋友圈刷到下面这样的内容。

一位朋友很喜欢花，他在微信朋友圈里总是以文字、图片、视频的方式呈现身边的花，并且时常分享自己的插花日常，让人自然而然地认为这是一位恬静、热爱生活的人；有的朋友会在朋友圈分享自己平日看书、学习的动态，让人感觉他是一个很有学识、爱思考的人；有的人很少发朋友圈，而每一条动态都几乎与工作单位有关，或是自己单位公众号的各种信息，或是部门的各种团建与成绩，他在我们眼中无疑是一个踏实、努力的人。

这一点在不少人看来，会是在“立虚假人设”，可事实上这只是在帮助我们更加生动、形象地展示并强调自己的优势与特点。尤其是在满是熟人的朋友圈内（见图 3-1），真实感是一切的基础，因为这里有太多了解我们的人，任何不符合本人特质的内容就会很容易被揭穿、质疑。因此，微信朋友圈拥有一种“天然信任感”，这种氛围更能助力我们强化个人品牌。

图 3-1　朋友圈关系网

“以诚感人者，人亦诚而应。”腾讯推出微信软件的初衷就是为使用者提供一个熟人社交平台。正是因为“熟人”多，我们通过文字、图片及视频发出的信息才更具有说服力。

很多人认为打造个人品牌是面向陌生人的，在熟人面前不需要“装模作样”。事实上，这些人忽视了一个现实情况：除去非常要好的朋友，我们的大部分熟人其实并不了解我们。在成年人的人际交往中，大部分人都只维持了表面上的体面，外界对我们的印象纯粹来源于我们塑造出来的形象，也就是我们呈现出来的个人品牌。

因此，我们不应该忽视微信朋友圈这个重要的个人形象塑造阵地。

另外，在过去，与陌生人成为好友，通常都是经过熟人的面对面引荐达成的，没有熟人引荐，就算大家同住一个小区，也很难成为好友。这样的人际关系是断层的，人与人之间没有一个便捷的沟通桥梁，所有的信息都靠口耳相传。因此，过去的信息传播率很低。

然而现在，我们不妨看看自己的微信好友列表，一定会发现许多好友都是通过“朋友的朋友”认识的——一个陌生人可以轻松通过好友的名片推荐，迅速成为我们的新好友，在后续的交流中，他也可能为我们再次带来新的好友……由此可见，微信朋友圈里的人际关系都是环环相扣的。

这样的连环人际模式，非常便于我们在微信朋友圈内提升影响力与扩大个人品牌信息的传播范围。**连环人际模式就像“滚雪球”，它能将微信朋友圈的“雪球”越滚越大**。之所以能达到这种效果，是因为微信朋友圈能通过**“裂变”产生新流量。**

近几年，“裂变”这个词语的活跃度很高，尤其是许多个人与团队都想利用“裂变”模式进行个人品牌的传播。所谓“裂变”，其实就是指一个事物像原子核裂变一样分裂成近似相等的几部分的过程。这个过程是无限循环的，因此最终的结果会是一个无限大的数字。

微信朋友圈就是能产生这种裂变的环境，在我们发布文章或朋友圈文案后，只要有人能从中产生共鸣，他就有可能将这篇文章或相关文案转发到自己的微信朋友圈，这样一传十、十传百、百传千的速度让信息传播率迅速提升，其实这种“裂变”最终产生的就是流量。

我有时会在朋友圈内对自己感兴趣的时事热点发表个人看法，有一次，一位好友对我的观点大为赞同，认为我一针见血地道出了他一直很难准确表达的观点。随后，他发出的新朋友圈引述了我的部分文案，并吸引了另一位抱有同样看法的好友展开讨论，最后他的这位好友向他提出成为我的微信好友的想法。我就这样在不经意间将自己的个人品牌价值扩散到了一个陌生人身上。

与此同时，**这种朋友圈裂变带来的还有持久的影响力。**在一般情况下，除非某人实在令人讨厌，添加过微信好友的人不会轻易删除对方，这就意味着我们可以一直在对方面前展示与个人品牌相关的信息。而对方无论是否感兴趣，都会在长期的潜移默化中对我们保留一定的印象。

那么，我们应该如何发微信朋友圈内容，让微信朋友圈成为我们打造个人品牌的助推器呢？我们可以从选题、文案和照片三个方面出发。

3.1.1 SVL 模型，让微信朋友圈的选题更“高大上”

许多人想通过微信朋友圈塑造个人品牌，却不知道应该在微信朋友圈发什么内容，也就是不明确内容选题。在这一点上，我们可以利用“SVL 模型”，从三个角度去选择内容选题。

1. S：专业化

S 是 Specialty 的简称，代表着专业化的内容。在朋友圈发布专业化的内容，能让我们具有独特的价值。

在高速快餐化的时代，人们愿意花时间与精力浏览、了解一项内容的原因，一定是这项内容具有让人了解的价值，而要让我们输出的内容具有这种价值，非专业化的内容莫属。这也意味着我们的内容输出不应是纯粹的废话与假话——即便想要搞笑，也要让内容在搞笑的表象下依旧存在专业价值。

所谓“三人行必有我师”，能成为三人中的老师的人，往往是能向另外两个人提供“取长补短”之空间的人。这种专业化的要求并不代表着我们一定要创作出学科教授级别的内容，而是指只要我们的内容能为用户提供一个相对科学的角度或者说法，它就是有价值的专业化内容。

比如，在大家对空气污染这件事认知浅显、不以为意的时候，有人发现并提出空气质量不过关会影响到所有人的身体健康，这在当时就是一则专业化的内容；在许多人认为随地吐痰最多只是影响了城市的卫生环境的时候，有人提出痰的成分对细菌传播的作用与“功劳”，这对许多人而言仍然是一则专业化的内容。

表达上述内容的人需要具有极高的学术修养吗？不需要。这些内容甚至是许多关注生活、关注身体健康的人都能轻松判断的事情，可是因为这种总结与经验对许多人而言仍然是空白的，所以它们依旧存在专业价值。

2. V：价值理念

V是Value的简称，代表着价值理念，尤其是起积极作用的价值理念。

我们在朋友圈输出内容时，需要重视内容的价值理念。被输出的价值理念不但应该是我们自己的想法，还应该是某一群体（即我们的微信朋友圈好友）的价值追求。

为什么价值理念如此重要？所谓价值理念，就是在我们所输出的内容中被突出的“值得”回味的一件事或一种思想，它是引导与决定我们言行的内在准则。因此，价值理念需要起到积极作用，否则它所指向的言行将有负面效果与影响。

比如，一位大学生在拿到自己大学生涯的第一份奖学金时，第一反应是想要用这笔钱为父母买份礼物。而他的室友却表示，如果父母没有急缺的必需品，完全可以用这笔钱进行一场放松身心的假期旅行。在这个故事里，这位大学生拥有的是孝顺父母的价值理念，室友拥有的则是把握机会、享受生活的价值理念，两人的讨论过程就是两种价值理念的斗争过程。

最后，这位大学生选择了先送父母礼物，等到下一次拿奖学金时再实现假期旅行的愿望，这样的结果传达出另一种价值理念：孝为先。由此可见，价值理念通常是内容创作的核心，它将决定故事的走向，同时也会为个人品牌做出定位，最后成为个人品牌的重要标签之一。

为什么我们在重视自身价值理念的同时，也要着重考虑它的群体性？因为我们的个人品牌创建本就离不开对目标用户群体的重视，单一的个体性价值理念很难引起更多人的共鸣。只有当一个价值理念能同时得到许多人的认同时，它才具备传播的动力。

比如，我有一个工作专用微信号，这个微信号上的好友都是与我的工作相关的人，有我的同事、学员等。如果我在这个微信号上发布一些传达自己不愿意工作、不想与人来往的内容，那么我以往树立的个人品牌就会在同事、学员的心中轰然崩塌。

因此，我们还需要在个性化的价值理念之上“加载”更多共性化的内容，拿出与目标用户群体共鸣的态度，在保证具有特色化标签的同时表达出目标用户群体心中的追求，这样我们才能赢得更多的关注与掌声，避免演“独角戏”的尴尬。

3. L：生活方式

L 是 Lifestyle 的简称，代表着一种生活方式，也意味着向好友呈现生活化的内容。

展现生活是任何人都能做到的与他人迅速拉近距离的方式之一。在通过内容与用户交流的过程中，无论我们选择文字的形式、图片的形式，还是选择视频的形式，都不可避免地因囿于平台的方寸交流而与用户之间存在距离感与隔阂感。而向用户分享自己生活化的内容，无疑是突破这种距离与束缚的最佳途径。

虽然我在上文中提到，在工作微信号上不要发布一些与好友不具有共性化的内容，但这里的生活化内容，实际上也能引起好友的共鸣，只要价值导向正确，并不会影响我们的品牌形象，反而会将我们的个人品牌塑造得更加真实。因为其他的内容，尤其是优秀光环下的一切，都容易让好友感受到被拉开的距离：那是一种离绝大多数人过于遥远的生活，在优秀的模板下渐渐成型，一点也不亲切，甚至有可能是和好友两个世界般的感知与待遇。

但在我们的内容更加生活化之后，这种隔阂感渐渐消失了，越来越多性格迥异、态度随性的人开始自由地分享自己的生活，大家更加趋向于在网络世界呈现一个更加具有独特性的自己，而不是束手束脚地满足某些要求或幻想，成为一个模板般的自己。真实，在生活化的内容追求之下成为我们发微信朋友圈的“指南”。

我有一位律师朋友，她经常在微信朋友圈发布与自身专业相关的内容，也偶尔发布一些与孩子、丈夫之间的温馨故事。她告诉我，有一个本来对她不太信任、还在考察她能力的客户，在看到她发布的生活化内容后，主动找到她，让她代理自己的官司。因为他认为我的这位律师朋友有血有肉，是一个比较温情的人，能设身处地地为他考虑。

虽然生活化的内容聚焦的是许多点滴间的小事，但正是这种轻松、开放的态度，才让我们这样的普通人也拥有了打造个人品牌的机会。

3.1.2　合理借鉴，让微信朋友圈的文案更精彩

写朋友圈文案需要有一定的文字功底，如果我们的肚子里没有墨水，不知道该从何处下笔，又应该怎么办呢？这里有两大绝招专门针对这类困境，让肚子里没有墨水的每一个普通人都能打造出高质量的朋友圈文案。

1. 第一招：从搬运文案开始

如果我们没有创作灵感，或者在朋友圈文案上刚刚起步，可以从其他渠道搬运合适的文案作为自己微信朋友圈的文案。搬运渠道有很多，如我们的微信朋友圈、微博、抖音、影视剧作品等。下面我主要介绍几种常用的搬运渠道。

1）名人渠道

所谓名人渠道，就是各个名人有迹可循的发言或创作。我们可以直接对这些大家耳熟能详的名人的言论进行引用。对许多名人而言，他们自己的个人品牌已经是成功且成熟的了，因此，我们可以轻松地根据个人品牌的适配性准确找到可参考的名人。

比如，如果我们想要打造的个人品牌具有文艺特质，那么我们可以搬运或借鉴一些作家的文案、佳句。不过值得注意的是，当我们直接搬运名人创作的文案时，除众所周知的名人名言外，最好要标注出创作者，以免引起不必要的误会。

2）社交平台渠道

如今各类社交平台在互联网上“打得火热”，各个类型的平

台上都聚集着众多风格迥异的网友。他们无论是作为创作者进行平台上的内容输出，还是作为普通用户在各类作品下发表评论，从来都不会缺少新鲜又有趣的表达。

这些社交平台上的文案上限很高，下限也很低，因此我们需要进行细致的甄别与判断，借鉴最贴合自己且适合在朋友圈传播的高质量文案，将它们收集起来作为自己的文案素材。

3）影视剧渠道

影视剧渠道与名人渠道有异曲同工之妙。许多热播的影视剧都有极大的讨论热度，这股讨论热度如果能被我们合理使用，无疑可以为我们的朋友圈文案锦上添花。我们可以尝试将热播影视剧或经典影视剧中的经典桥段、经典台词，与自己要发布的内容融合，从而打造出引人注目的微信朋友圈文案。

比如，在《哪吒之魔童降世》火热上映期间，我便在朋友圈刷到不少引用"我是小妖怪，逍遥又自在""我命由我不由天"等片中经典台词的文案。在电影热映期间，甚至在热度退散之后，带有这类元素的朋友圈文案更能帮助我们在好友心中留下印象。

4）音乐渠道

好的音乐不仅曲调好听，而且歌词质量上乘、深入人心。这些歌词往往能通过简单却又艺术化的形式清晰地表达一种情绪、一种态度，甚至是一种人生，无疑是非常好的搬运选择。

我们可以直接将这些耳熟能详的歌词搬运到自己的朋友圈文案当中。我曾刷到过一位好友晒结婚照的朋友圈内容，其文案搬运了《醉赤壁》这首歌中的歌词："确认过眼神，我遇上对的人，一世就只能有一次的认真"。在她平时发布的朋友圈内容中，我一直看到的都是一位勇敢、爱幻想的文艺工作者，这句文案显然与她的自身特质拥有极高的适配度，因此让我印象深刻。

2. 第二招：进行模仿与融合

我们在直接搬运文案的过程中，有时会发现原有文案并不是百分百适配我们想要输出的内容或者观点，却又不清楚该如何补救其中的生硬感。其实，我们在进行文案模仿和融合的时候，可以采取以下两种方法对文案进行调整与升级。

1）学习别人的思路和表达方式

有时候我们想要搬运的文案，虽然在具体的内容上和我们的个人品牌不搭，但是我们可以学习这类文案的思路和表达方式。比如，特仑苏的广告文案为：

"不是所有牛奶都叫特仑苏。"

假如我们想要在朋友圈分享个人品牌的产品或内容，那么我们的文案就可以写成这样：

"不是所有 ×× 都叫 ×××。"

当然，我们还可以进行更加精彩的转化与创作，事实上这一方法的重点在于多搜集、记录优秀文案，将它们的闪光点化作我们的创作灵感，在学习中进行新的创作，争取“青出于蓝而胜于蓝”。

2）取其精华

取其精华就是对一些经典文案进行选择性的引用，去掉我们不需要的部分，然后借此进行一定的发挥，形成一个创意感十足的完整文案。

我曾见一位平时幽默感十足的朋友在朋友圈内宣传自己公司的冰箱，其公司制作的宣传海报中规中矩，可这位朋友自行编辑的文案却十分有趣，化用了辛弃疾《青玉案·元夕》中的经典词句：“众里寻他千百度，想要几度要几度。”

相比产品海报上完整却“烂大街”的产品特性介绍，朋友这句创意十足的文案反而让人轻轻松松地将这款冰箱的特点记住了。同时，这句文案也体现了他充满活力、头脑灵活的年轻态职场人的特质。

榜样的力量是无穷的，我们可以踩在巨人的肩膀上进行微信朋友圈的文案创作，通过搬运、模仿、融合，将借鉴来的文案化为己有，从而创作出精彩而又富有创意的微信朋友圈文案。

3.1.3　适当调整，让照片“开口说话”

一天晚上，与我闲聊的朋友忽然叹了口气：“今天在下班路上正巧看到晚霞，想发个朋友圈来着，结果打开来正好看到了你发的落日照片，我怎么拍都拍不出你那种感觉，一下子就没有发图的意愿了。”

我鼓励朋友多尝试，朋友却认为自己不够专业，摇摇头就要作罢，我只好拿出手机，现场向他示范了一遍自己同样并不专业的“手法”。他半信半疑地按照我的步骤尝试了一番，不一会儿手机里就多了一张看起来像模像样的夜景照。对此感到不可思议的朋友终于相信我反复向他表示的“我也没学过专业摄影”，并重新对在朋友圈里发布照片燃起了兴趣。

朋友最开始的认知，也是许多人在看到他人拍摄的精彩照片时的想法。的确，在我们拥有专业技巧的时候，我们可以轻松地通过自己的技术和 Photoshop 一类的专业软件为自己创作高质量的照片，可如果我们只是毫不专业的普通人，又该怎么创作看起来赏心悦目的照片作品呢？

其实，普通人也可以学会简单、实用的照片处理技巧。我没有向这位朋友展示太高端的操作，无非就是帮他在手机里多装了一个修图软件，并且向他讲解了一些实用的经验。结果证明，这些操作虽然简单，但对朋友圈图片处理的效果并不简单。

1. 基本调整

许多刚拍出来的照片并不是完美的。比如，拍摄场景的光线不足常常会导致照片的亮度不够，看起来很暗，碰到这样的情况我们需要主动调整照片的内容布局与亮度参数。因此，处理照片的第一步就是对照片进行基本的调整。

我们可以通过修图软件中的编辑功能更改原图的尺寸和基础参数。某修图软件的“编辑”和“调整”界面如图 3-2 所示。

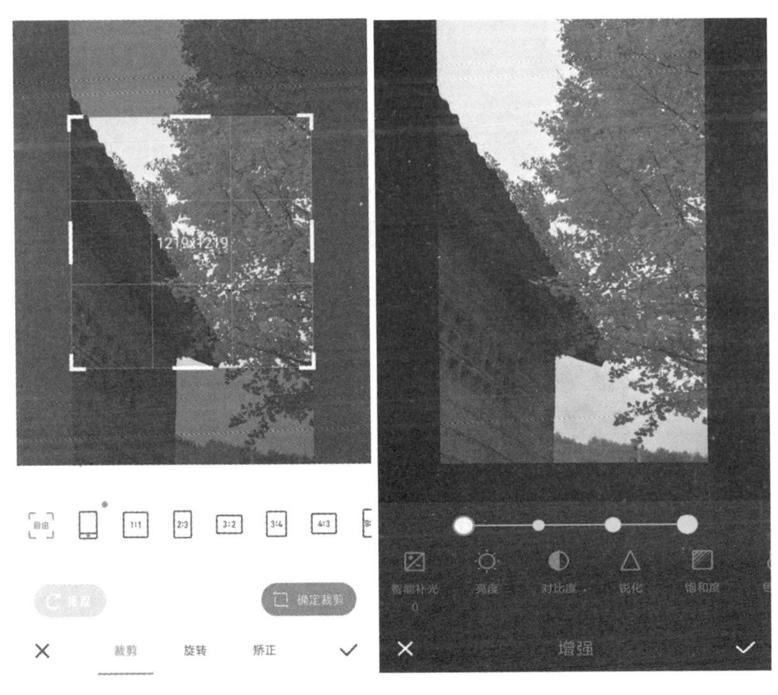

图 3-2　某修图软件的“编辑”和“调整”界面

在“编辑”界面中，我们可以对照片的尺寸、角度进行适当的调整；在“调整”界面中，我们可以对照片的亮度、对比度、锐化、饱和度等参数进行调整。通过这些操作，我们可以将不太完美的原图调出自己满意的效果，图 3-3 所示为调整过后的照片。

显而易见，对比图 3-2 中的照片效果，调整过后的照片更加亮眼，景物之间的色彩对比也更明显，增添了复古感，产生更强烈的视觉冲击。

图 3-3　调整过后的照片

2. 人像修图

当照片中有人物出镜时，人像的气质与带来的观感显然也是不容忽视的重要部分。尤其是在我们需要展现个人形象的时候，适当的美化可以让我们的形象气质得到极大的提升。

在修图软件中，通常都会有“人像美容”的功能，在该功能之下，我们通常可以对人像照片进行美妆、磨皮、美白、瘦脸、祛痘等操作。我们只需要根据自己的需求对人物形象做出适当的美化，即可得到更好的效果，如图 3-4 所示。

图 3-4　人像照片的修图前与修图后

可以看到，在经过修图软件的人像美容后，照片里的人整体气色有所提升，变得更亮眼、更吸引人。然而需要注意的是，我们不能将人像照片修得太过，失真的人像照片在朋友圈这样的“熟人”圈内很容易引起误会与麻烦，甚至为自己招来质疑，得不偿失。

3. 添加滤镜

滤镜是一种添加在照片上的艺术效果，是让照片变得更加好看、更引人注目的快捷调整方式。之所以“快捷”，是因为这些滤镜本身就带有固定的参数，我们不需要亲自调整照片的亮度、对比度等专业参数，只需要点击相应的滤镜就能获得不同寻常的视觉效果。

我们不妨先看一组添加滤镜前后的对比图，如图 3-5 所示。

从图 3-5 所示的对比图中我们不难看出，在视觉上，添加滤镜后的照片显得更加鲜艳，青山的“绿”和田地的“黄”被展现得淋漓尽致，整张照片更有质感。

图 3-5 添加滤镜前后的对比图

当然，修图软件中的滤镜还有许多款式可供挑选，并且通常会根据合适的场景或者主打的效果进行分类，方便我们快速找到自己此刻心仪的款式，如图 3-6 所示。

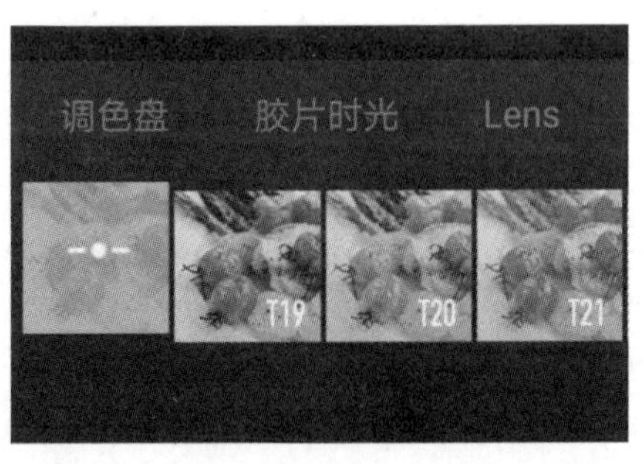

图 3-6 某修图软件中可供选择的滤镜

4. 排列拼合图片

当我们需要发布的照片较多，却又不想对照片做取舍时，我们可以尝试对照片进行组合。无论是修图 App，还是手机自带的原始相机，都有最基础的拼图功能。在拼图界面中，我们既可以对所有选中的照片进行横向或纵向的拼接，还可以套用具有一定设计感的各类模板，甚至可以自由拼图，展示自己最想要的效果，如图 3-7 所示。

图 3-7　拼图示范

其实，恰到好处的修图就像我们出门前的洗漱化妆，在他人面前展现自己最好的一面，既是一种自信的体现，也是一种对朋友圈好友的尊重。学习并熟练运用实用的修图技巧，可以帮助我们打造高质量的微信朋友圈照片，并让其“开口说话”。

3.2 说话：表达更好的自我

我们说出口的每句话，都体现着我们过去的人生阅历。可以说，说话是我们展现自我、呈现个人品牌的重要方式。但有些人出口成章、舌绽莲花，将内心所想充分表达出来，有些人却难以将内心所感、所想用令人感到舒服的方式表达出来，以至于最终在个人品牌打造结果上天差地别。

那么，如何让自己会说话，并说好每一句话呢？首先要提升我们的表达力，其次要讲好我们的个人品牌故事。

3.2.1 提升表达力，从“社恐”到“社牛”

表达力在个人品牌打造中不可忽视，个人品牌的建立与传播都离不开这项能力。回想一下，在我们所熟知的个人品牌打造成功的人中，有没有不善言辞的？几乎没有。雷军、罗振宇、罗永浩……或许他们的表达力有强弱之分，但对普通人来说，他们的表达力已经望尘莫及。

试想一下，如果雷军在小米十周年的发布会上发表演讲时支支吾吾、断断续续，连一句话都说不连贯，这场演讲会赢得众人的好评吗？当然不会。换言之，如果我们在打造个人品牌时，在公共场合连话都不敢讲，或者在与更高层次的人沟通时会感到紧张、不适，那么我们很难成功打造出自己的个人品牌。

在很多人的固有观念里，只有那些需要“动嘴皮子”的人才需要较强的表达力，我之前也这么认为。但在从事打造个人品牌之后，我发现事实并非如此，无论我们从事什么职业，都需要较强的表达能力，因为我们所说的话就是我们最好的名片。只有拥有较强的表达力，我们才能在别人心中留下较好的印象。

事实上，无论是主动还是被动，表达早已充斥在人们日常生活、工作中的每一个角落。只要我们和人打交道，就一定会涉及“表达”这件事，可以说，“表达”这件事无处不在、无法回避。一个人如果不能很好地运用语言，那么他的个人品牌打造也必将受到极大的阻碍。

最近我时常听团队的小伙伴们说起“社恐”和“社牛”这两个词。“社恐”是指患有“社交恐惧症”的人，具体指那些对社交和与人沟通感到恐惧的人；“社牛”是指患有“社交牛人症”的人，具体是指能够在社交中游刃有余，遇到任何人都能侃侃而谈的人。

网络上对“社恐”的特点进行了总结：对特定的社交情景会有持续且强烈的恐惧感；害怕在社交中出糗、被评价、被指责；逃避社交，甚至影响到自己的正常生活或工作；每次社交都是一次煎熬，不会因为与他人更熟悉而减弱这种煎熬感；就算希望跟别人有互动，也会因为恐惧而逃避社交。

事实上，这些看起来很严重的问题，是可以通过不断尝试和练习解决的。人们对与人交往、沟通有抵触情绪，是因为他们过去很少这样做，以至于在这样做的时候会不自信，害怕自己出错，为此，他们找了一个“社恐”的借口，这一类人称为“伪社恐”。

当他们能够提升自己的表达力，在社交场合不会说错话、做错事，而是受到广泛赞扬时，我想大部分“社恐”都会告别自卑，变成自信的“社牛”。

那么，应该如何提高我们的表达力呢？我认为可以从以下三个方面出发。

1. 走出舒适圈，突破自我限定

学生时期的我是一个十分内向的人，羞于在人前表达自己，也不愿结交朋友，就连同窗三年的同班同学我也认不全。我似乎变成了一个会说话的“哑巴”，一旦到了人多的场合，就难以组织语言，一被提问就面红耳赤，常常弄得场面十分尴尬。久而久之，我更加不愿意与人交流，无论是家人、朋友还是我自己，都认定我“内向”“不擅长与人沟通交流”。

但越觉得难，越要迎难而上。当我们能够从自我限定中跳出来，勇敢地挑战自己不擅长的事情时，我们的“社恐”就好了一大半。打造个人品牌，是为了让我们的人生有更多可能性，但如果我们只蜷缩在令自己感到安心的小圈子里，这些可能性就会被圈子限制住。

所以，“走出舒适圈，突破自我限定”不是一句口号，也称不上方法论，而是一种心态上的转变。当我们的内心告诉自己做不到时，我们的潜意识就会发挥作用，阻止我们去做，让我们产生“畏难情绪”。只有我们内心真正不再认为自己不擅长与人沟通交流，并尝试着与人沟通，哪怕出错也不害怕时，我们才能逐渐感受到与人沟通的乐趣，才能体悟到表达自己的成就感。

在决定创业前，我意识到我必须做出改变，不能再害怕与人交流了。因为没有哪个创始人是不开口说话就能将生意谈成，并把团队带好的。

结果出乎我的意料，在我跳出自己的舒适圈，开始与人沟通、交流后，我发现事情开始朝着我期望的方向发展。虽然还有许多困难需要克服，但我已经开始从中收获乐趣，因此不会停下脚步。

2. 表达力练习，增强自己的自信心

在心态转变后，我们还需要不断练习，以增强自己的自信心。我的工作要求我面向用户讲课，讲课比一般人际交往对表达的要求更高，它需要输出有价值的信息，让用户听懂。

从一个与不熟的人交谈都会紧张的人，到一个能够从容面对用户讲课的人，我练习了无数次。在每次上课前，我都会反复思考我的课件是否逻辑清晰，能让人一听就懂；我的表达是否准确无误，不会让人产生歧义；甚至我的声音是否悦耳动听，不会让人听后产生烦躁的感觉……

在一次又一次的练习中，我变得自信起来，因为我知道无论用户提出什么问题，我都能用专业知识回答他，而且不会出错。

当然，进行表达训练，也不能确保我们在表达时不紧张、不焦虑。有一次，我应邀参加一个活动，主办方安排我上台分享经验。虽然事前我反复练习，将演讲词背得滚瓜烂熟，可一站上台，聚光灯打在我的身上，台下观众黑压压一片，我瞬间大脑一片空白，背好的演讲词一下子全忘了。

当时，我的脑海里一直在重复："完了，我什么都想不起来了，真是太差劲了吧，感觉好丢人啊，我可能真的讲不好了，我还是下去吧！"就在我想放弃时，我的助理开始在台下提醒我，帮助我顺利地想起了演讲词，我逐渐缓和心情，将演讲词说完了。

在演讲结束后我总结原因，发现是自己过度紧张且缺乏信心，给了自己强烈的消极暗示，所以要想拥有较强的表达力，我们要学会在表达时合理控制自己的情绪，给自己积极的心理暗示。

3. 沟通和表达都是为了达成共识

从小到大，我们似乎都曲解了沟通和表达的真正目的，常常认为沟通和表达是为了展示自己，或者在与人辩驳时赢过对方。然而沟通和表达的真正目的，是与对方达成共识，让对方能和我们一起行动。

在打造个人品牌时，我们输出观点，是为了让用户认可和信任我们，我们沟通与表达的重点便是我们的观点能为对方提供什么样的价值。以我个人为例，我讲课的目的就是让用户知道如何打造个人品牌。如果用户能从我这里学到打造个人品牌的方法，在付诸实践后能够成功打造出个人品牌，就说明我的沟通与表达成功了。

3.2.2 讲好个人品牌故事

让一个陌生人认识、了解并认可一个人，最快的方法是讲一个好的个人品牌故事。谁会讲故事，谁就能更好地打造个人品牌。

一个好故事的诞生靠的绝不仅仅是天赋或者运气，甚至不打草稿的勇气，而是不断的训练与精心的设计。只要我们把握故事的逻辑走向与细节，就能够向大众呈现一个高分的优秀故事。为了达成这一点，我们需要认真学习、钻研以下三个讲好故事的关键点。

1. 主题要态度鲜明

真正有价值的个人品牌故事，一定离不开态度鲜明的主题。这一主题不仅仅是我们要讲的故事的主心骨，更是我们个人品牌形象的主心骨。我们通过个人品牌故事去呈现的主题态度，往往便是我们为个人品牌设计的形象。

如果我们想要讲述的个人品牌故事的主题是“逆袭”，就应该设计逆袭的故事情节，同时，也要通过各种形式的描述，凸显自身坚韧不拔、临危不乱的精神，以及“四两拨千斤”的巧劲儿；如果我们想要讲述的个人品牌故事的主题是“后悔”，就应该凸显更多错过与误会，尤其是增加更多的对比情节，以此强调“明明可以做到，但没有及时去做”的追悔情绪，烘托故事主题。

“亮躬耕陇亩，好为梁父吟。身长八尺，每自比于管仲、乐毅，时人莫之许也。惟博陵崔州平、颍川徐庶元直与亮友善，谓为信然。

“时先主屯新野。徐庶见先主，先主器之，谓先主曰：‘诸葛孔明者，卧龙也，将军岂愿见之乎？’先主曰：‘君与俱来。’庶曰：‘此人可就见，不可屈致也。将军宜枉驾顾之。’”

这一段出自大家非常熟悉的《隆中对》，花了全篇近四分之一的笔墨介绍了许多与诸葛亮相关的细节，尤其是当徐庶向刘备推荐诸葛亮时，面对刘备的“君与俱来”，徐庶竟直接告诉刘备：“这个人只能你去他那里拜访，不可以委屈他，将军你应该屈尊亲自去拜访他。”

但我们都知道，《隆中对》的重点是诸葛亮向刘备分析全局，为什么陈寿会在前面花这么大的篇幅去讲述这些细节呢？《隆中对》主要凸显了诸葛亮未入乱局却洞悉乱局的大智慧，无论是第一段诸葛亮的智慧不被当时的世人所认可，还是第二段徐庶不同寻常的评价与推荐，都是为了反复强调诸葛亮的不一般，这些言辞就是作者对整个故事核心主题的表态。

通过这些细节的描述，听故事的人便很容易在一开始就对故事的主题和态度有一个准确的认知。试想，如果去掉前面那些表态的描述，直接从刘备拜访诸葛亮开始，我们是否会感到整个故事缺乏说服力？

在意识到态度鲜明的主题之于故事的重要性之后，我们就需要思考应该如何确定故事的主题了。关于这一点，我们不妨从解答以下两个问题出发。

1）用户有什么痛点问题

每一个人都能在生活中找到自己的痛点问题，痛点问题并不需要有多激烈的矛盾与冲突，它只需要是我们心中在乎又纠结的某个亟待解决的问题就行。当我们的个人品牌故事能戳中用户的痛点时，打动用户并引发他们的共鸣便不是什么难事。

那么，我们应该怎么寻找用户的痛点问题呢？在通常情况下，大众的痛点问题都离不开以下四类（见图 3-8）。

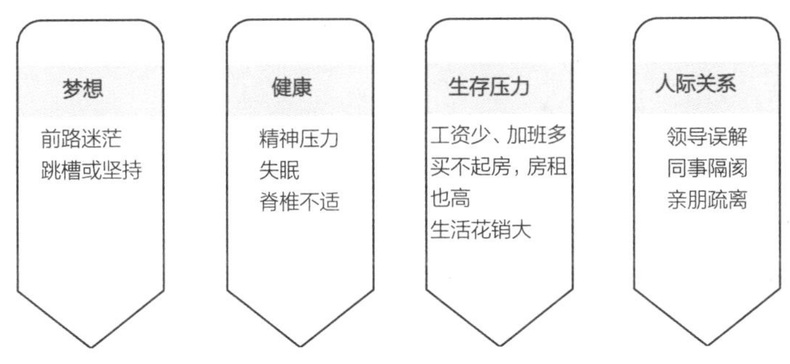

图 3-8　常见的四类痛点问题

我们在进行个人品牌故事的内容创作时，可以尽量从以上四类痛点问题里寻找内容主体。

2）用户在关注什么热点事件

除了痛点问题，用户最好奇且最容易共情的便是当下的热点事件。如果我们很难从上面四类痛点问题里找到故事创作的灵感，那么从热点事件着手也是一个快速高效的方法。

不过从热点事件中挖掘故事主题并不是简单地贴合热点事件并讨论问题就可以了，我们也需要讲究方法，懂得发散自己的思维。常见的方法便是从热点事件中提炼人生道理或经验教训，然后将之作为个人品牌故事的主题，将热点事件作为辅助材料；另一种方法就是寻找与热点事件类似的主人公、故事剧情，可以从身边的普通人中寻找，也可以从历史或文学中的经典人物、经典事件中寻找，以我们找到的同类人或事为个人品牌故事的主题进行观点阐述与发散。

这两种方法既能让我们的故事贴合热点事件，吸引更多用户的眼球，也能让故事的原创性更强，减少故意“蹭热点”的嫌疑。

2. 情绪要强烈真实

东方甄选主播董宇辉有次在直播间卖虾时并没有提及和虾有关的话题，而是聊起了自己和妈妈的故事。因为工作繁忙，他几乎没有时间顾及自己的生活。有一次妈妈过来看他，却一连好几天都没有见着他的面。直到有次打开冰箱时看到妈妈包好并摆放整齐的饺子，他才知道妈妈来过。妈妈还给他留了一张字条，叮嘱他在好好工作的同时，别忘了好好吃饭，照顾好身体。在直播间分享完与妈妈的故事后，董宇辉开始介绍自己即将售卖的大虾，他淡淡地说：“很大个，很新鲜。”

很多观看直播的人被董宇辉暖心的故事打动，不知不觉便进入了那个温情有爱的世界，于是便有了下单购买的欲望。

可见，足够强烈、真实的情感可以为个人品牌故事加许多分。甚至在某些场合、某些时刻，一个与其他个人品牌故事相比稍微有些逊色的故事，也可以因为更强烈、更真实的情绪，获得比其他故事更好的效果。

那么，我们又该如何为自己的个人品牌故事注入如此强烈的情感呢？具体而言，我们可以从以下两个方面着手。

1）增加感官细节

嗅觉、味觉、视觉、听觉与触觉，是人类的五感，我们认识这个世界、接触这个世界，依靠的是五感反馈的相互配合，得到最真实、最立体的体验，于是更轻易被调动起深层情绪。而我们在输出个人品牌的内容时，无论是采取视频、图片还是采取文字的形式，都常常只能提供一部分的感官信息，这就限制了我们感染用户情绪的“能力范围”。

因此，我们可以在创作个人品牌相关内容的时候，充分利用人类的五感，从感官体验的基础出发，对相应的人、事、物、场进行描述。比如，在朱自清的经典散文《荷塘月色》中，有这样一段风景描写：

“曲曲折折的荷塘上面，弥望的是田田的叶子……微风过处，送来缕缕清香，仿佛远处高楼上渺茫的歌声似的。这时候叶子与花也有一丝的颤动，像闪电般，霎时传过荷塘的那边去了……叶子底下是脉脉的流水，遮住了，不能见一些颜色；而叶子却更见风致了。”

在这段描写中，朱自清没有将对景致的描述限制在“视觉”中，他增加了属于“嗅觉”的细节，并同时运用汉语言中的通感[①]将“嗅觉”元素转化为“听觉”元素。无论是“缕缕清香”还是“缥缈的歌声”，都是朱自清利用文字叙述为我们扩充的阅读体验，也是他全方位地向我们表达的因这片美景而起的情绪。如果没有这些能触动不同感官的细节，这一段描写也同样细腻，可是他的情绪传递效果会大大折损，让我们无法对他当时的心境感同身受。

2）增加自己的经历和感受

当我们在创作个人品牌故事的内容时，涉及的所有故事并不一定都是我们本人的亲身体验，有些或许是身边亲朋的经历，有些或许是看到的网友的人生，甚至有些会是我们原创的第三人称小故事。

如果我们讲的不是自己的经历，就可以让自己完全跳脱开了吗？事实上这并不是一个好的选择——无论我们的故事内容从何而来，我们都应该尽可能地将自己的亲身经历与真实感受融入进去。这样我们才能更轻松地向内容注入感情，也更容易让用户感受到我们真实的情感。

反向来看，我们在对故事内容进行取材时，也应该尽可能地

① 通感：又叫“移觉”，是在描述客观事物时，用形象的语言使感觉转移，将人的视觉、嗅觉、味觉、触觉、听觉等不同感觉互相沟通、交错，彼此挪移转换，将本来表示甲感觉的词语移用来表示乙感觉，使意象更为活泼、新奇的一种修辞格式。

选择贴合自己亲身经历的故事，这样才能向内容注入自己的真实感悟，同时也能让我们个人品牌的个性化标签更显眼。

3. 范围要垂直，也要包容、多元

为了提升个人品牌故事内容的精准度与可操作性，我们在策划与创作个人品牌故事的情节时，需要重点考量内容范围选取上的三个关键点。

那么，个人品牌故事内容范围选取的三个关键点，具体包含哪些方面呢？经过归纳，三个关键点如图 3-9 所示。

图 3-9 个人品牌故事内容范围选取的三个关键点

1）垂直细分

所谓“垂直细分”，是指我们所讲的故事情节的纵向延伸，即我们在个人品牌定位的基础上，对故事内容主题进行进一步的细化。这个过程将会对个人品牌故事的主要内容范围做出一定程度的限定。也就是说，如果我们打造的是与美食相关的个人品牌，那么在垂直范围的“束缚”下，我们将不太会做时事政治类的内容。

说到这，许多人可能会有疑问，为什么要对内容范围做垂直细分呢？不知道大家是否有这样的感受：当我们在观看短视频或者公众号文章时，总是会觉得里面的内容似乎在哪里看到过，却又说不清两者之间的相似之处。这是因为许多个人品牌故事的差异化不够明显，垂直度不够。因此，我们要想让个人品牌故事的情节显现出明显的差异，就需要加大对个人品牌故事内容范围的垂直细分。

每个人的精力都是有限的，我们不可能做到面面俱到。要想把个人品牌故事的情节做好、做精，我们就需要根据自身的特点，以及目标用户群体的需求，或者我们所依赖的各大平台的大数据推荐，选择最适合自己的垂直细分领域。然后在这个细分的领域内把内容做到极致，做出差异化和专业化。这样才能打造出好的个人品牌故事情节，带给目标用户更多的快乐和感动，使自己的个人品牌成为这个领域的佼佼者。

举个通俗的例子，文学本身就是一个垂直领域，但是文学还可以做进一步的细分，如古典文学、现代文学等，甚至还可以进一步划分为散文、诗歌，以及悬疑小说、言情小说等。经过这样的解释，大家对垂直细分是否有了一个更清楚的认识呢？

进行过垂直细分范围限定的个人品牌故事，往往具有更高的辨识度与专业性。我们如果希望在个人品牌领域内拥有持续、平稳的发展，就需要重视它。当我们的个人品牌内容有足够的垂直度时，我们就可以将自己的个人品牌做出差异化的表达，从而增强个人品牌的个性和特色，吸引更多的目标用户群体。

2）包容、多元

虽然我们需要重视个人品牌在内容范围上的垂直细分，但这并不代表我们的情节设计或者故事主体只能局限于单一的内容领域，甚至追求过细、过窄的内容范围限定。

还是以文学话题为例，有的人喜欢看散文，有的人喜欢看小说，有的人更爱欣赏诗歌。那么我们在进行个人品牌的内容创作时，就要将这些因素结合起来考虑，这样我们才能不断地呈现合适的联动或者新创意。这就要求我们在创作个人品牌内容时既要有包容性，又要有多元性，以使得我们的个人品牌内容始终能焕发出新的生机。

3）符合时代需求

我们关于个人品牌所有的内容创作，都是输出给用户看的，用户需要什么，用户喜欢什么，我们就要创作相应的个人品牌内容。但这不意味着我们只聚焦于某一部分用户的需求，毫无其他考量。我们应该意识到，无论是针对什么用户的内容，首先都应该符合时代特征，与主流价值观相适应。因为主流价值观往往是大众经过多年的讨论沉淀形成的价值文化，在一定时期内，它是最经得起推敲的价值观念与思维逻辑。只有在大方向上与其一致，我们才能真正让自己的个人品牌在某个领域中立于不败之地。

3.3 写文章：传递专业知识

在互联网如此发达的当下，许多能够发表文章的自媒体平台成为人们打造个人品牌的重要场所。如何写好文章？好文章的标题、开头、正文和结尾都需要细细打磨。

3.3.1 标题：如何一眼吸睛

无论是在什么平台以什么形式写文章，标题永远都是直接与文章产生联系的部分，它同时也承担着让文章在用户心中留下第一印象的重任。标题的优秀程度，通常会直接影响到用户对文章的关注度。因此，如何拟写出一个让大多数人称心如意的标题，是我们吸引更多目光与注意力的关键。

在拟定标题前，我们要注意以下八个“注意事项”。

- 拒绝悬浮，洞察普通人的生活细节；
- 拒绝隐晦，选择简单、直白的措辞与语气；
- 拒绝平淡，制造悬念、冲突、颠覆，成为“好奇心杀手”；
- 拒绝平庸，用热点制造爆点；
- 拒绝模糊，明确具体的细节性描述；
- 拒绝短小，包括更多引人注意的词；
- 拒绝安全，角度要新，态度要鲜；
- 拒绝距离，用“你”“我”“他”拉近距离。

在了解了标题拟写过程中的“注意事项”后，我们将进一步了解实用的标题拟写技巧。

1. 标题的五种常见类型

常言道“看书先看皮，看报先看题”，一个好的标题对内容输出来说至关重要。常见的标题拟写方式是我们可以根据标题类型进行发挥。常见的标题类型有以下五种。

1）热点类标题

通过热点信息来打造标题是增加文章热度的有效措施。

尤其是对刚刚开始运营个人品牌的人而言，此时他们还没有获得用户的普遍关注，即使输出的内容再优秀，在短时间内也很难获得较高的关注度，积累人气较困难。因此，他们在创作文章标题时，可以贴合热点信息，借热点话题增加标题的吸引力。

比如，毕业季各大平台充斥着众多与“毕业”“分别”相关的内容：“男生隔校门和同学拍特殊毕业照”“毕业前后的差别能有多大”……无论是时事新闻，还是文艺创作，抑或是观点讨论，围绕这些点展开的文章始终会是这一时期流量最大的内容。

2）故事类标题

许多人都很喜欢看情感类的故事，因为故事往往能展现人生百态，并且很容易与故事中的主人公达成情感共鸣。因此，故事类标题通常很容易“撩”到用户的内心，让用户不自觉地将情感带入标题所营造出的氛围之中，这也是故事类标题独特的魅力所在。这类标题大多数为陈述句，主要表现出内容中的情感或事件亮点。

比如：

在医院做了十几年护工，见惯了亲情的动人与扭曲。

3）简约标题

这类标题最大的优势就是简洁、明了，可以让用户在看到标题的第一时间明白接下来的内容是什么。简约标题在目前的快餐时代给予用户的便利之处就是实用、高效，并且能帮助我们迅速筛选目标用户群体。

比如：

女生在考试结束后崩溃，教育专家称“成绩至上”不可取。

但它同时也存在一定的弊端，那就是可能因为没有“吸引”用户的操作而损失一部分潜在目标用户，甚至可能“牺牲”掉一部分明确的目标用户群体的点击量，因为他们通过浏览标题就已经得到了相对明确的信息。此时，我们就需要斟酌自身输出的内容类型与简约标题的适配性，并且把握好标题中呈现信息的度。

4）对比类标题

无论是在学生时代还是在工作时期，“对比”都是我们在生活中离不开的行为习惯。无论是在购物的时候，还是在商场里被导购员“安排”时，“对比”都会成为让我们集中注意力进行观察与思考的行为。在标题中，“对比”也同样具备这种魔力。当我们将两个矛盾或者同类的事物放在一起对比时，会下意识地想要一探究竟，了解优劣、高低。

比如：

吹干发后睡觉 VS 湿发睡觉；

爆火的精致露营，是真趋势，还是伪精致？

5）悬念类标题

悬念类标题并不代表一定是恐怖、悬疑、惊悚性质的内容与标题，这里的悬念是指让用户打破认知、颠覆常理、产生好奇与怀疑的形式。

悬念类标题能最大限度地勾起用户的好奇心，激发他们的分享欲，在提高用户关注度的同时加大内容的传播力度，无疑起到了事半功倍的效果。在设置悬念类标题时，我们可以多用反问、设问的语句，或者反常规的元素，提升神秘感。悬念也不一定要“惊天地、泣鬼神”，根据核心内容匹配适度的悬念感即可。

比如：

如何保存和修复坏的食物。

悬念类标题最大的要点就是标题要与文章主题高度一致，不能为了追求关注度制作与内容并不相符的标题，沦为“标题党”。

2. 标题的四类人气元素

我们在输出内容时，无论选择什么平台，都离不开平台的推荐机制，乏味、元素缺失的标题会让内容更容易被埋没。因此我们在进行标题创作时，还可以从标题元素的角度考虑。通常来说，标题中的人气元素主要集中在以下四类。

1）运用数字

当标题中出现数字的时候，往往能更快地抓住用户的眼球。这里的数字是指阿拉伯数字“1、2、3……”，并非汉字数字“一、二、三……”。

关于这一点，我们可以通过一个简单的实验证明。我们针对同一个标题内容，给出了两种书写方式：

挑战 7 天瘦 10 斤；

挑战七天瘦十斤。

在这样一组标题中，我们能更轻松地记住哪一个标题呢？

显然，我们会将更多的目光与注意力集中在运用了阿拉伯数字的标题上。当阿拉伯数字被汉字数字替代的时候，用户的注意力就会被分散、冲淡，很难将注意力集中在重点信息上。

除此之外，我们在将标题做成数字系列时，也能巧妙地吸引用户关注更多的内容。比如，标题为“和闺蜜同居的第 1 天”的内容，用户在看到“第 1 天”的字样时，就会想要寻找“第 2 天”的内容，甚至想要一天天地看下去，这就像我们追剧或者追小说一样。这样的数字系列标题，不仅能够吸引新用户，还能最大限度地留住老用户，为内容输出的后期制作提供了“流量”准备。

2）运用言论

我们还可以通过运用内容中某一角色或知名人物的言论来打造标题。

比如：

我从未见过如此厚颜无耻之人！

这一标题运用了电视剧《三国演义》中诸葛亮怒骂王朗的语句片段。这种耳熟能详的经典言论，既与用户之间存在某种内容、情绪上的默契，可以轻轻松松地激起我们所希望看到的用户的情感状态，又能因为言论的特殊性与戏剧性，让众人对标题背后的内容产生好奇心与窥探欲。

值得注意的是，我们在选择这类标题时，对言论的筛选非常重要，它需要有一个大家耳熟能详的说话者，也需要有一句足够引起情绪、认知上的颠覆，或者众人讨论的话。如果我们选择的说话者大家都不怎么认识，同时选择出来的那句话也较为平淡，那么这一形式的标题将完全达不到我们想要的效果。

3）运用热词

由于各个平台的内容呈现都离不开与推荐算法相关的机制，所以我们在创作标题时可以紧跟时事热度，以“热词”为聚焦点，这样能争取到更多的标题被推荐给用户的机会，提升标题的曝光量、点击率与浏览量。

当然，这并不意味着我们能完全脱离原本的内容而一味地抓热词，因为我们不能让标题与内容毫无关联。这种纯粹“蹭热点”的“标题党”行为不仅会拉低个人品牌的格局，还会给用户留下非常糟糕的印象，让他们对我们产生反感情绪。因此，合理、有度的搭配在这类标题中尤为重要。

热词在标题中出现的作用就是刺激用户的大脑，在最短的时间内给所有看到标题的用户带来强烈的冲击感，这也就意味着我们一定要找到能让用户迅速“触电”的热词。同时，在搭配技巧上也有讲究，为了突出标题中的热词，我们需要尽可能地去掉多余、无用的辅助词，并且将多个热词排列组合，以加强热词的“电力”。

4）运用痛点

痛点往往是用户最急切想要解决的问题，因此合理运用痛点问题的标题，总能更轻松地赢得用户的关注与青睐。

比如，我的某位用户为开车一族的个人品牌运营者，他在创作某一内容的时候，取的标题是“车内快速降温技能”，这样的标题刚好抓住了其目标用户群体的需求。夏天车内温度高，这是用户普遍有感触的事情，这样的标题完美利用用户的“痛点”问题获得了关注度，在满足用户需求的基础上提升了内容的点击率和浏览量。

3. 标题的七大形式模板

除此之外，我们还可以直接套用以下七种形式模板拟写让人眼前一亮的标题。

1）亮点 + 悬念

这一形式模板要求我们将文章最大的亮点前置，然后再设置一个悬念，很好地调动起用户的好奇心。

比如：

我终于跳槽到了月薪四万元的新公司，然而在三个月后我就后悔了；

雷军声称要做汽车博主，小米汽车真的要来了吗？

2）引语 + 观点

这一形式模板要求我们在标题前半段直接引用大家耳熟能详的话，如生活俗语，或者身边人常常念叨的话，总而言之，需要是贴近大家现实生活的“语录”，然后再接一个犀利的观点，可以是对前半句的反驳，也可以是对前半句的延续。只要言辞足够犀利，就能道出大众的心声。

比如：

“你怎么还不结婚？”因为我不想因为低质量的婚姻而放弃高质量的单身；

“三人行必有我师”，即便单人行，也能找到自己的“师”；

“你都已经三十岁了”，不好意思，我才三十岁而已。

3）颠覆 + 悬念

这一形式模板需要我们有一个颠覆大家刻板印象的认知、观点，在前半句就调动起用户的强烈好奇心，再紧接着制造一个悬念，这一悬念最好能与前面涉及的刻板印象形成鲜明的对比，以延续前面调动起的好奇心。

比如：

没有女主的言情剧，竟然讲出了最甜美的爱情故事；

核酸检测尝试男女分采，专家解答背后的原因是这样的；

夏天空调开26度宝宝最舒适？错！夏季空调究竟应该怎么开？

4）热点＋观点

这一形式模板或许是许多人应用最多的模板，用高热度的话题开头，吸引用户目光，再紧接着给出一个犀利的观点，这一观点或者道出了大部分人的心声，或者与大部分人的认知形成冲击。这样的组合很容易让人忍不住点进来一探究竟，但使用场景受限——输出的内容应与热点事件相关，否则会存在“标题党”的嫌疑。

比如：

全民健身潮流来袭，没有健身基础的人快停下跟风的脚步；

风靡世界的老年离婚潮来到中国：65岁，我依然可以重启自己的人生。

5）疑问＋悬念

这一形式模板将绝大多数人都好奇的问题放在前面，对这些问题的搜寻与把握，需要我们对大众生活足够了解。因为一旦最开始抛出的问题并不是大家真正关心的，这一标题便会被提前判定为“失败的标题”，“出师未捷身先死”。在问题后面，我们需要对自己的内容设置一个悬念，这同样也需要我们的内容的的确确与问题相关，并且最好是相关疑问的解决方案，或者解答说明——因为这正是关心这一问题的人最需要的。

比如：

鸡蛋羹怎样蒸才无蜂窝？原来让它比豆腐还嫩滑的诀窍都在这里；

孩子就不学习该怎么办？多动症孩子的6大表现，你知道几条？

6）亮点 + 陈述惊人事实

这一形式模板的标题适用于我们需要向大众输出一个惊人事实的时候，对这类事情的捕捉需要我们对生活、对世界有较为深入的了解，或者有敏锐的信息捕捉能力，能比绝大多数人更早、更快、更深入地了解到一些确实存在却又超出大家想象力与常识认知的事情。我们可以先将内容的最大亮点前置，再用一句话概括、陈述这一惊人事实。

比如：

2180万亿吨！NASA在嫦娥四号附近发现了致密异物，比武汉市大6倍；

这个暑假不虚度！8部纪录片让孩子“上知天文，下知地理”。

7）挑战常规认知

这一形式模板下的标题与打破刻板印象的标题不一样，它需要挑战大家的常规认知，也就是说，能让看到标题的人感到强烈的震惊与不认同——而往往这类标题在正话反说。挑战常规认知的标题先通过“冒犯”，甚至“激怒”用户的方式，让用户抱着批评、反驳的心态了解内容，然后再向用户输出正确且有深度、符合常规认知的内容，让用户在哭笑不得中“消了气”。

但需要注意的是，在运用这类标题的时候，我们最好能保证自己的内容是有深度的。如果正文的内容太过浅显，会显得我们纯粹是在利用标题“哗众取宠”，用标题将用户“骗”进来却说了一大堆的废话，最终不仅没有让用户“消气”，反而可能会引发更强烈的排斥情绪。因此，这类标题下的内容一定要保证其含金量与深度，这样才能使标题具有最佳效果。

比如：

身为一个母亲，我一点都不爱自己的孩子；

中国菜真的很难吃！

通过以上模板我们可以发现，标题通常离不开悬念、颠覆与好奇，只要一个标题含有其中一种或两种元素，就很容易吸引用户的注意力，让用户情不自禁地了解内容。因此，我们只要能在拟写标题的过程中，认真留意此类元素的运用与搭配，就能创作出含金量高的标题。

值得注意的是，越重要的东西越需要我们花时间、精力、心思去打磨。虽然我们有“速成”的方法，但是任何方法都只是辅助性的工具，永远比不过我们自己的经验。因此，我们要学会在实践过程中反复练习、测试、总结，最后归纳出自己的心得与习惯。

3.3.2 开头：HRPS 模型

对于内容的开头，我们可以采取 HRPS 模型（见图 3-10）来组织。

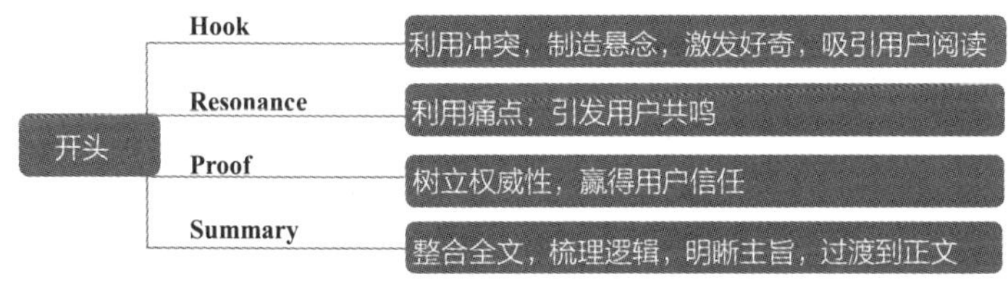

图 3-10　内容开头的 HRPS 模型

1. H，在开头构建悬念

首先是 H，H 代表的是 Hook，是构建悬念的意思，需要我们利用认知冲突、惊人结论制造激发用户好奇心的悬念，让用户在点进内容后愿意继续往下阅读。

奥地利心理学家西格蒙德·弗洛伊德曾针对“窥视”心理提出一个理论：“偷窥源自人类天生的好奇心，是人人都具有的欲望。”如何勾起用户的这一欲望？这就需要我们在一开始的时候就用未知且难以预测结果的悬念勾住用户的心，而一个能让人很快就猜到结局的故事，往往很难吸引人继续花时间读下去。

那么，我们应该怎么制造有价值的悬念呢？

1）冲突前置，放弃“流水账”

顺叙是写作方式中最为常见的一种，按照时间顺序将故事徐徐展开。但是，在信息爆炸的现代网络中，各个平台的短视频、文章的内容创作都不再适合使用平铺直叙的顺叙，尤其是当创作内容的人功底较为普通时，这样的创作形式很容易让内容变成“流水账”。

因此，我们需要找到内容中的冲突点，并且将冲突前置。冲突，就是不合常理的事情。比如，曾在互联网新闻中吸引了众多目光的“博士毕业返乡创业，养猪养鱼种花椒”，在大众的传统认知中，或者说在大众对博士生的期盼里，他们应该是在“北上广深”这样的大城市中西装革履，享受生活与奋斗的乐趣的人。此时，博士生选择返乡“养猪养鱼种花椒”显然成为最大的冲突点。

如果我们用平铺直叙的方式讲述他如何成为博士生，如何在毕业后选择创业，然后在他创业的抉择期再带出他想返乡“养猪养鱼种花椒”，那么这个故事吸引人的程度便会被大大削弱。原本很“诱人”的冲突点也会被这样的顺叙描述冲淡，甚至许多用户会在还没读到后期的冲突点时就放弃了这个故事。

如果我们在开头就用悬念抓住用户的好奇心，那么我们就把握住了内容的主动权，可以轻而易举地吸引用户主动寻找答案，探寻故事的核心。不过需要注意的是，这种充满戏剧性的开头虽然能迅速给用户留下深刻印象，可是我们不能为了制造冲突而编造冲突。这样的冲突虽然也打破了用户的常规认知，但我们很难让故事真实化、合理化，这便会给用户带来欺骗感与戏弄感。他们自然是无法接受这样的故事的，我们的悬念便也失去了意义。

2）制造“意外”

另一种写出充满悬念的开头的方式，就是制造“意外”，这意味着一件事情不应该在内容上循规蹈矩地按照绝大多数人的期望展开，而更应该被大家看到出乎意料的另一面。所有奇特且曲折的意外事件，都是能激起大众内心窥探欲望的内容，并且便于我们在后续创作中反转剧情，让输出的内容拥有更强的吸引力。

2. R，在开头引发共鸣

其次是 R，R 代表的是 Resonance，是引发共鸣的意思。

引发共鸣的重点就是我们可以通过陈述、剖析用户的痛点问题，向用户“伸手”，表示我们的内容与之相关，以此邀请对方与我们产生情绪上的共鸣。因此，我们需要在创作内容时站在用户的立场看世界、想问题，猜测对方可能会遇到的麻烦与困惑，以增强用户对我们所输出内容的认同感，这也有助于引发用户的互动行为。

但是，并不是所有类型的情绪都能轻松地引起共鸣。通常来说，以下四种情绪最容易引起共鸣。

1）怀念

引人怀念的事物通常都是美好的，如亲情、爱情、青春……这一类充满怀念感的事物变动往往都不大，并且在每个人身上留下的痕迹都极为相似，很好捕捉，因此由这类事物引发的情绪也是最容易引起共鸣的。

2）鼓励

每个人都有无法宣泄负面情绪的时候，尤其是现在的生活节奏让许多人渐渐封闭自己，不懂得宣泄情绪，总是习惯于将自己的脆弱与需求隐藏起来。此时，如果我们针对普通人的痛点问题，给予他们鼓励，将能轻松突破用户的心理防线，引起用户的共鸣，让用户对我们产生情感依赖与信任。

3）批判

曾有一个通过创作短视频的方式打造个人品牌的人，在自己的视频文案中写道："我每天都在为了生计奋斗，生活在社会的最底层。我不敢生病、不敢挥霍、不敢洒脱，更不敢攀比，就算肩上责任再重，也要坚持。因为我知道，我靠不了别人，只能靠自己加油。"

这则短视频引起了许多人的共鸣，众多用户纷纷在他的短视频下面提出了自己的想法。事实上，能引发这样热烈的讨论，正是因为这则短视频的文案带有批判的意味，但生活就是这样。该文案能够引发社会上苦苦打拼、奋斗着的用户的共鸣。

4）反击

有一些短视频的文案是很典型的用反击的话来引起用户共鸣的范例。比如，“捐多了就是炫富，捐少了就是小气。化妆了就是娘，素颜就是丑……这些就是你们的心里话吧。敢问，你捐款了吗？你不化妆吗？好看有错吗？你们给我听好了，我就是看不惯那些躲在键盘后面造谣生事、煽风点火，像蝗虫一样蜂拥而上的人，自以为站在制高点，就可以肆意指责别人。”

文案中描述的事情，在生活中很普遍。当我们通过文案反击这些行为，让用户觉得大快人心，感到解气、痛快时，用户就会对我们产生好感，增加关注度。

3. P，在开头构建信任

然后是P，P代表的是Proof，是构建信任的意思。我们可以通过自己的故事，向用户展示我们的过人之处，在用户心中树立权威，并以此获取用户的信任。

在获取用户信任的过程中，我们要注意两点：一是要向用户表达自己与他们相同的境遇，如在职场、学业、人际关系等各方面遇到的问题或者困惑；二是向用户展示自己的结果，尤其是解决问题的结果。

在展示结果过程中，我们可以通过以下三种方式来强化其中的权威性（见图3-11）。

图 3-11 强化权威性的三种方式

4. S，在开头总结并过渡

最后是 S，S 代表的是 Summary，在这里是总结并过渡的意思。

这一环节是开头的最后一部分，它需要我们在整合全部信息后向用户呈现一个较为清晰的内容创作逻辑与结构，让用户明确内容，对整体逻辑给予信任，并且让内容自然、合理地过渡到正文部分。

对总结功能而言，由于它需要表明全部内容的整体逻辑，所以我们可以选择进行一定的比较。比如，将我们正在呈现的内容逻辑与大众熟悉的、便于理解的日常逻辑或经典逻辑做类比。

针对过渡功能，我们只需要简单表明自己输出内容的立场即可。比如，“输出这段内容的初衷是为了帮助大家……”“讲述这件事的目的是向更多的人传授经验……”。此类句式均可使用，能够极大地拉近我们与用户的距离，建立用户对我们的信任感。

3.3.3 正文：WWHE 模型 & 结构公式

对于内容的正文，我们可以采取 WWHE 模型（见图 3-12）。

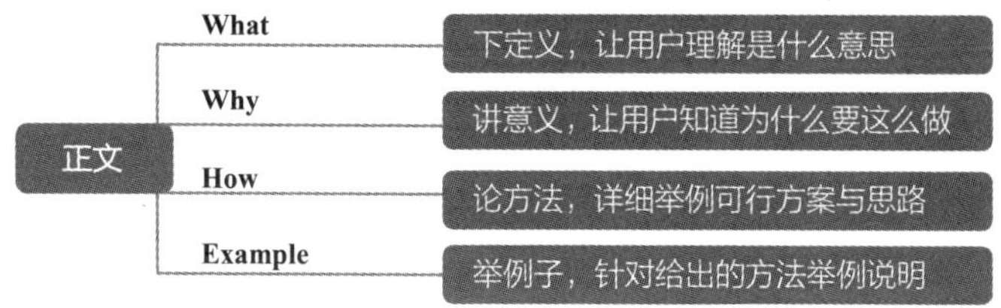

图 3-12 内容正文的 WWHE 模型

1. WWHE 模型

首先，第一个 W 代表的是 What，也就是需要我们对即将输出的核心内容下定义。我们应该告诉用户我们正在讨论的内容、话题是什么意思。比如，我们在分享个人品牌的创建方式时，首先要讲清楚什么是个人品牌。只有这样，用户才能明白我们接下来的表达。

其次，第二个 W 代表的是 Why，也就是需要我们向所有的用户讲述我们输出的内容的意义，同时也要让用户明白他们需要继续了解我们表达的内容的意义。这一步主要是让用户知道为什么我们要"这么做"——也就是为什么我们要讨论接下来将涉及的内容。比如，我们在分享个人品牌的创建方式时，应该让用户明确个人品牌的重要性，以及我们为什么需要创建个人品牌。这同样也是我们在讲故事的时候必不可少的"目的"，任何一个与个人品牌相关的故事，都必须带有目的性。

值得注意的是，前两个 W，也就是 What 和 Why，我们可以根据内容创作的需要将它们进行位置调换，只要表意流畅，不缺少元素与环节即可。

然后，第三个字母 H 代表的是 How，也就是需要我们针对内容主题提出方法。我们要在这一环节针对前面提到的核心问题或矛盾，提出详细、可行的解决方案，尤其是向用户呈现具体可操作的步骤。

最后，第四个字母 E 代表的是 Example，也就是需要我们针对前面给出的解决方案举例子。我们此时需要针对前面给出的解决方案举出实际范例，这不仅是结合实际向用户更加详细、具体地呈现我们在操作实施过程中的细节，更是为我们的解决方案“撑腰”的时机——用实际成功的例子证明我们提出的解决方案能落地。

2. 七步法

在 WWHE 模型之外，如果我们的个人品牌内容需要一个更加故事性的结构，我们可以选择以下这套故事结构模板，为自己快速打造最合适的个人品牌故事。

这套故事结构模板就是中国台湾作家许荣哲的讲故事七步法。许荣哲老师认为，我们任何一个人，只要能认真回答七个问题，就能立马复述出一个有头有尾且冲突与转折皆具的完整故事。这七个问题分别如下。

第一个问题：主人公的“**目标**”是什么？

第二个问题：为了实现这样的目标，主人公遇到了什么“**阻碍**”？

第三个问题：在阻碍面前，主人公做出了什么样的“**行动**”？

第四个问题：在第一次行动过后，主人公收获了怎样的“**结果**”？（通常此时的结果会不尽如人意）

第五个问题：在不理想的结果面前，出现了怎样的“**意外**”让主人公重振信心？

第六个问题：在意外降临之后，故事情节会发生怎样的“**转折**”？

第七个问题：最后主人公收获了什么样的“**结局**”？

从以上七个问题我们可以发现，讲一个完整的故事需要我们将“**目标**”“**阻碍**”“**行动**”“**结果**”“**意外**”“**转折**”“**结局**”合理地安排、串联在一起。只要能将这七个元素按照逻辑排列，我们就能讲好一个故事。

3. 三步故事法

如果有人认为上面的七步法仍然有些复杂，希望可以得到一种更方便上手的结构模板，那么美国作家杰里·克里弗的三步故事法或许是一种不错的选择。

在这位美国作家的眼中，最纯粹的故事只需要包含三个要素，即冲突、行动与结局。比如，主人公在遇到了麻烦（冲突）

之后，便想办法解决麻烦（行动），最终他通过自己的坚持与努力成功解决了麻烦或者在解决的过程中失败（结局）。

一个故事只要拥有以上三个要素，就有了足够吸引人的画面感。

3.3.4 结尾：Double C 模型

对于正文结束后的结尾，我们可以采取 Double C 模型（见图 3-13）。

Double C，代表的是 Conclusion（总结）和 CTA（行动呼唤）。这是一个完整的个人品牌故事不可缺少的结尾双元素。

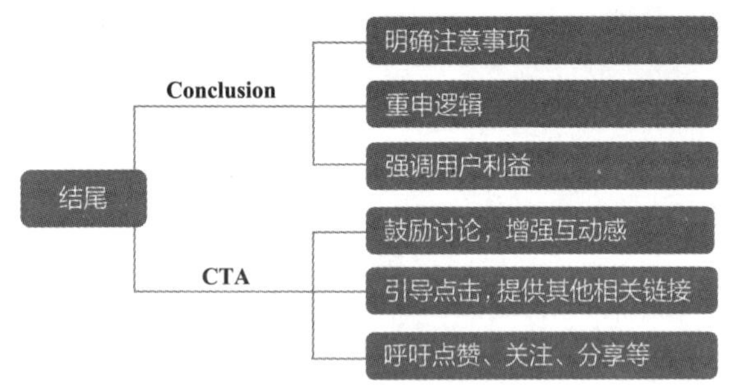

图 3-13　内容结尾的 Double C 模型

1. Conclusion（总结）

在总结部分，我们需要对前面内容中所有的信息进行梳理，并集中强调自己的结论与观点，或者向用户提出相关注意事项。

我们通常可以从以下三个层面丰富总结部分（见图 3-14）。

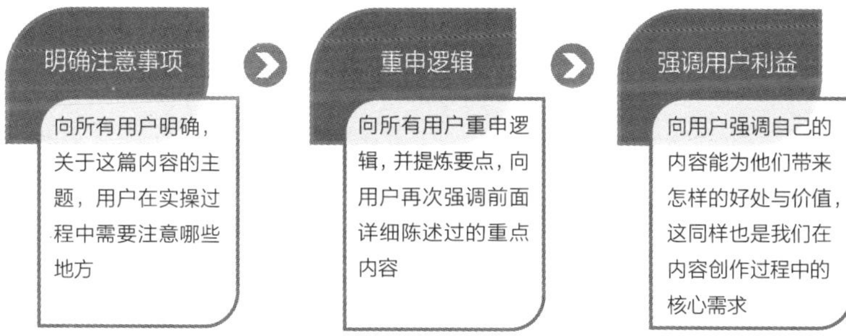

图 3-14　从三个层面丰富总结部分

2. CTA（行动呼唤）

CTA 代表的是 Call to Action。在行动呼唤部分，我们要多鼓励用户进行评论和参与讨论，以增强内容的互动感与亲切感。虽然用户参加互动行为是自愿的，但我们也需要进行一定的积极呼唤，这就好比再激烈的赛场上也少不了啦啦队一样。

在行动呼唤方面，我们主要有三个层面的考量（见图 3-15）。

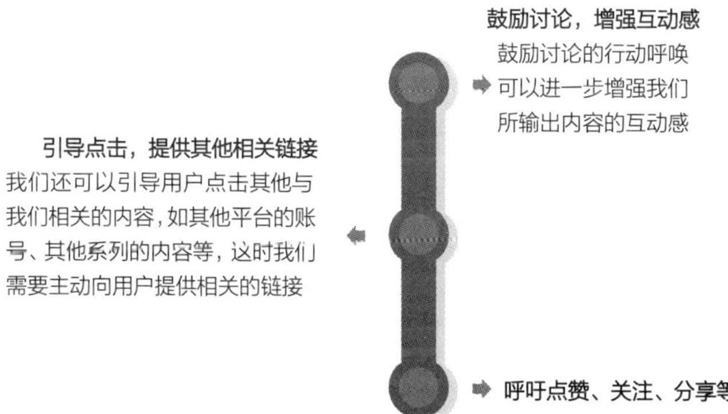

图 3-15 行动呼唤方面三个层面的考量

如果我们对这一模型下形式化的结尾不满意，更想要一个故事性强的结尾，也可以跳出以上模型自行创作。不过在创作的过程中，我们要留意这三个元素：一个生动的场景、一个具体的细节、一个令人信服的结论。

第 4 章

三大传播：

如何扩大你的影响力

俗语虽然一直都在告诉我们“酒香不怕巷子深”，可此时的巷子早已不是彼时的巷子，现在的酒香也不似原来的酒香。主动出击，是我们增加个人品牌传播路径、提升个人影响力的关键所在。我们要找到方向、找准时机、找好方法，这样才能在个人品牌的传播环节，为它赢得真正强大的势能。

4.1 平台传播，把握默契节奏

一件非常昂贵的工艺品被摆放在平价超市售卖，可能十年都卖不出去，因为渠道错了。传播个人品牌同样如此，找准传播渠道至关重要，传播渠道与个人品牌的调性相符，传播起来就事半功倍;反之，即使我们的个人品牌打造得再好，也难有出头之日。

许多个人品牌都因为选对了传播渠道而迅速斩获巨大的成功。比如，董宇辉在抖音平台上通过东方甄选直播间打响了自己的个人品牌，他在直播间里，不仅能用标准的英语发音介绍各类商品，还能在介绍商品的同时，将诗词歌赋信手拈来，赋予商品更高的价值。很多网友甚至感叹:“自己不是在为商品买单，而是在为知识付费。”打造知识类直播间，对董宇辉而言，无疑是最优的选择，如果他选择了通过拍摄短视频进行带货，显然会失去自身特有的优势。樊登选择了在微信群内通过音频讲书、在抖音平台上通过短视频讲书的形式让个人品牌立足人前，这正是能将他的个人魅力与能力最大化展现的形式，那种以文章进行读书推荐的形式，显然没有办法让樊登施展自己表达上的魅力……

因此，并没有最适合个人品牌的传播渠道，只有最适合我们自己的传播渠道。在找准个人品牌的传播渠道之前，我们需要先明确自己适合以什么样的形式进行个人品牌的打造。在通常情况下，我们会以三种常见形式进行个人品牌的表达与传播。

- 文字：最常见的个人品牌表达与传播形式；
- 图片：最多变的个人品牌表达与传播形式，如照片、漫画、表情包等，通常会与文字形式相结合；
- 视频：全方位展现自我的个人品牌表达与传播形式。

在目前的传播渠道中，各个网络平台汇聚了大量流量，是我们传播个人品牌的首选之地。虽然我们会从以上形式中选择最适合自己的个人品牌表达与传播形式，但这并不意味着我们的个人品牌传播就只限于某种单一的形式，我们仍然需要在个人品牌的传播推广过程中进行多种形式的结合，以求得到更好的传播效果。比如，我们在选择以视频的形式进行个人品牌表达与传播时，也可以同时在微信朋友圈等平台以文字或图片的形式进行同步传播。

4.1.1 文字：微信公众号 + 知乎 + 豆瓣

文字是最为常见的个人品牌表达与传播形式，也是最传统的一种形式。由于书籍、报纸等文字载体长久以来给我们留下的印象相对严肃，文字形式的表达往往比其他形式更容易凸显出个人品牌的专业性和权威性。与此同时，文字形式往往能进行更深层次的表达，它在问题的探讨过程中更容易形成深刻的内容输出。

在通常情况下，当我们选择通过文字分享自己的个人品牌故事时，需要找到最适合展示文字类内容的平台。这类平台主要有以下 3 种（见表 4-1）。

表 4-1 展示文字类内容的平台

类型	平台特点	适合内容	适合人群
微信公众号	流量大	高质量长文	文笔好、有观点的个人及团队
知乎	问答形式 专业性强	专业知识或人生经历分享	有一技之长或特殊经历要分享的个人及团队
豆瓣	弱社交 文娱方向	文学作品、影视剧艺术赏析及评论	对文娱类内容有思考、有兴趣的个人及团队

1. 微信公众号

微信近年来几乎一直都是中国月活跃用户最多的软件，而依托这个软件存在的微信公众号，自然也得到了超乎寻常的流量支持。微信创始人张小龙曾在 2021 年的微信公开课中公布了一组数据：每天有超 10 亿个用户打开微信，其中有 3.6 亿个用户会点开公众号文章。毫无疑问，微信公众号一直都是微信的“王牌”板块。

自 2012 年 8 月诞生以来，微信公众号依靠“再小的个体，也有自己的品牌”的定位，以及图文结合的内容形式，大获好评，一度成为自媒体行业的代表。事实上，从微信公众号的产品定位我们就能看出，它是每一个人传播个人品牌的优选。在微信公众号的申请过程中，微信并没有设置过多的门槛与限制。用户只要按照规则实名注册，便能在这一平台拥有自己的一席之地。关于公众号文章的内容范围，每一个账号都拥有极高的自由度。

受平台特性与发展至今的氛围所影响，微信公众号最适合进行优质长篇文章的传播，它是即时社交软件中，被大量“短、平、快”的信息包围的我们的一处静心思考之地。通过微信公众号，我们可以自由表达对人、事、物的深入思考，并且通过恰当的排版、图文结合、音乐插入等，削弱长文章的枯燥感。

因此，无论是只需要在自己的工作社交圈或日常社交圈内提升个人影响力的普通人，还是希望在内容领域内进行高质量传播的专业人士，只要以传播长篇文章作为提升自我影响力的途径，都可以使用微信公众号进行相关分享。

2. 知乎

知乎同样是我们所熟悉的一个平台，该平台是在 2011 年 1 月上线的网络问答社区，多年来，它一直是各行各业从“大神”到“小白”所有用户之间建立联系的纽带。“让人们更好地分享知识、经验和见解，找到自己的答案”，这是知乎的品牌使命，同样也是所有用户在知乎展示自己的“风向标”。

经过十年多的发展，如今知乎早已不仅仅只处理问答业务，渐渐发展成了一个综合性的内容平台。可是其核心特色仍然是以文字形式进行内容输出。当我们试图深入了解任何问题，或者想要收集更多不同角度的客观答案时，往往也会优先考虑访问知乎的问答社区。这正是知乎长久以来在问答社区上苦心耕耘的成果，而这种成果也会为在该平台发布内容的每一位用户带来良性的加持。

在各个问题的回答区，我们可以看到问题所涉相关行业内的“大佬”，也能看到从事相关行业的普通职员，甚至能看到因为个人兴趣对问题颇有见解的各类爱好者。无一例外的是，那些拥有高互动量的优质回答，会打破身份、职业的束缚，为回答问题的人附加专业感与精英感。如果在认真回答问题的用户的账号下翻阅更多相关信息，通常还会看到他曾经做出的所有答复，此时再结合对方的个人认证或签名等信息，往往一个生动、具体的个人形象便已有雏形。

因此，在知乎上以文字的形式进行个人品牌形象的加固与传播，不失为一种绝妙的选择。如果我们的个人品牌方向以知识类内容为主，可以选择在知乎上扩大个人影响力的传播效应。

3. 豆瓣

豆瓣主打“有趣、多元的文化生活社区”，其最为大众所熟知并信任的内容社交板块主要集中在文娱部分，如豆瓣电影、豆瓣读书、豆瓣音乐等。由于豆瓣采取以个人为主的心情记录、感悟展示等弱社交形式，主要通过用户对同一文娱内容产生的共鸣连接不同的陌生用户，因此豆瓣的用户群体中没有太明显的年龄圈层划分，并且用户年龄分布相当广泛。

因此，个人品牌与文娱有强关联的人，可以选择在豆瓣平台进行个人品牌的耕耘与传播。

比如，许多对影视剧或者书籍感兴趣的人都愿意在豆瓣翻看影评与书评，我们在这里发布相关优质内容将很容易得到目标用户的关注。另外，我们还可以通过豆瓣日记、话题广场等板块进行相关输出。

4.1.2　图文结合：小红书 + 微博

除写作和视频平台外，还有一些内容社交平台也吸引了很多用户的目光，成为我们传播个人品牌的重要阵地。展示图文结合类内容的平台如表 4-2 所示。

表 4-2　展示图文结合类内容的平台

类型	平台特点	适合内容	适合人群
小红书	垂直度高 年轻态	“种草”及健康生活方式图文内容分享	侧重分享各类好物、好习惯、健康生活经验的个人及团队
微博	流量大 受众广	能通过通俗易懂的方式呈现内容	所有人群

1. 小红书

小红书是近年来大家的“新朋友”，以图片笔记这一主打形式在内容社交领域崭露头角。由于其初期海淘“种草”[①]的内容定位，小红书在美妆、护肤等品类的内容领域及相关用户群体内进行了深耕。随着小红书的出圈，这一领域慢慢扩大到了生活中的方方面面。如今，小红书已经是“中国最大的生活方式分享社区”。

小红书的用户主要为 18 ～ 30 岁的年轻女性，拥有 70% 的超高占比。事实上，由于大众对健康生活方式的逐步重视，男性用户也正在慢慢加入小红书，试图在小红书平台找到健康、方便的生活方式与小技巧。

因此，个人品牌打造以健康生活分享为主的人，可以选择在小红书平台进行图文结合的笔记式内容输出与传播。

2. 微博

微博是“微小型博客”的霸主，市场上基本没有仍在运营的同类平台。或许正因为如此，微博对发布的内容几乎没有太多的限制，无论是纯粹的文字内容，还是图片内容或者视频内容，都可以在微博上灵活输出。微博对文字、图片等内容的长短、多少也没有特别的限制，甚至在 2019 年 10 月 12 日的版本更新中取消了原来单篇微博只能发送 9 张图片的限制，将单篇微博图片数

① “种草”：网络流行语，本义为播种草种子或栽植草这种植物的幼苗，后指专门给别人推荐好货以诱人购买的行为，流行于各类美妆论坛。

量的上限调整为 18 张。

这些对内容输出而言十分宽容的限制，也孕育出了微博平台“草根化”的用户生态：用户群体十分广泛，涵盖社会各个层面，平台每天都充斥着各种各样的观点与声音。同时，具有鲜明观点且积极进行内容输出的人较容易得到关注。

4.1.3 视频：抖音 + 快手 + 微信视频号 +B 站

网络技术的发展与进步，为人类的信息传递、生活娱乐等方面带来了巨大的改变。其中里程碑式的一大变化，就是视频内容的流行。无论是如今几乎占据每个人碎片时间的短视频，还是从 10 分钟到 20 分钟不等、“干货”满满的中长视频，都吸引着大量网民的目光。

其中短视频的成绩尤为抢眼，由于它的创作门槛与理解门槛都不高，并且在娱乐性与社交性上表现良好，传播速度也独树一帜，它几乎渗透了中国网民的所有年龄层。第 49 次《中国互联网络发展状况统计报告》显示，截至 2021 年年底，我国网民规模已达 10.32 亿，互联网普及率高达 73%。这对几乎已经是国民“装机必备”的短视频软件而言，无疑是巨大的流量场。

当然，着重耕耘中长视频的平台的能量也不容小觑。由于中长视频往往在内容的深度与精度上比短视频更有保障，因此它能轻松地凝聚起拥有年轻态的一批网民，有着更为垂直、精确的内容传播方向。

如果我们选择以视频的形式进行个人品牌故事的分享，可以着重选择适合自己特性的视频平台。通常而言，表 4-3 所示的四类平台是不错的选择。

表 4-3 展示视频类内容的平台

<table>
<tr><th>类型</th><th>平台特点</th><th>适合内容</th><th>适合人群</th></tr>
<tr><td>抖音</td><td>高流量</td><td rowspan="2">分享生活、个人技能、好物的短视频；
创意剧情短视频</td><td>目标用户群体集中在三线以上城市的个人及团队</td></tr>
<tr><td>快手</td><td>公平的流量分配机制
下沉的用户市场</td><td>目标用户群体集中在三线与三线以下城市的个人及团队</td></tr>
<tr><td>微信视频号</td><td>背靠大厂</td><td>知识类、职场技能类、生活记录类短视频</td><td>进行实用性内容分享的个人及团队</td></tr>
<tr><td>B 站</td><td>年轻态的用户群体
对视频长短限制少</td><td>有创意、有内涵的各类长视频</td><td>表达能力优秀、文案功底强的个人及团队</td></tr>
</table>

1. 抖音

相关数据显示，2021 年我国短视频用户已近 9 亿人，而抖音的日活跃用户在同年 10 月便已突破 8 亿。在如此亮眼的成绩之下，抖音无疑是短视频界当之无愧的“王者”。

虽然抖音最初的用户定位是为年轻人提供一个音乐创意短视频社交平台，但在近几年的发展之下，抖音早已拓宽了自己的目标用户群体。在抖音，无论是音乐舞蹈，还是搞笑段子，抑或是美食生活、知识科普，每一种类型的短视频都能找到自己的位置。

因此，想要通过短视频内容呈现个人品牌魅力的人，可以将在用户量级上拥有绝对优势的抖音作为首选平台，但是这也意味着其面临的竞争会更加激烈。

2. 快手

在短视频刚刚流行时，“南抖音、北快手”的说法不绝于耳。这种说法不仅高度概括了当时两个短视频平台的用户分布情况，还表明了快手是一股正在冲击抖音的力量。发展至今，抖音和快手虽然都不再在目标用户群体的地域分布上旗帜分明，但是这两股力量的“较劲”从未停下。

事实上，快手的出现要早于抖音，它几乎是第一个“吃螃蟹”的短视频平台。一直以来聚焦普通人生活的快手，用户群体主要集中在三四线城市，相较抖音更加下沉。同时，为了尽可能满足普通人的创作欲与探索欲，快手对用户的创作行为有更高力度的支持，这一点在它的流量机制与激励机制上都有极其出色的体现。

因此，想要通过创作短视频进行个人品牌传播，并且希望得到更多来自平台的流量支持的人，可以选择在快手上开辟自己的个人影响力阵地。

3. 微信视频号

微信视频号是短视频领域的“新面孔”，在 2020 年年初才正式开启平台内测。微信视频号作为背靠腾讯大树的新生力量，却是不怕虎的“初生牛犊”，很快便从主要由抖音、快手两相抗衡的短视频市场中分到了一杯羹，开辟了新的短视频市场格局。

微信创始人张小龙曾在微信公开课上表示：“最近 5 年，用户每天发送的视频消息数量提高 33 倍，朋友圈视频发表数提高 10 倍。这时候，我们再思考短内容，就会想不应该基于短文字来做，而应该基于视频化内容来做。”

不以独立软件形式存在的微信视频号天然地共享了微信的流量金池，这是其他短视频软件暂时都无法做到的，同时也是微信视频号不同于其他短视频平台的地方。

得益于微信平台的优势与特性，微信视频号更加深入地渗透到了用户的生活圈层，在日常生活状态及职场形象上拥有更多的展示便利与加持。

4. B 站

B 站是以 ACG[①] 文化起家的互联网视频社区 bilibili 的简称，平台的视频内容多为中长视频，最初定位是垂直度极高的二次元文化交流平台，只在“90 后”“00 后”等年轻用户群体中拥有高人气，并且因为内容独特且制作精良，用户黏性与信任度非常高。

2020 年，B 站的品牌宣传三部曲《后浪》《入海》和《喜相逢》，分别选择在“五四”青年节、六月毕业季和 B 站 11 周年庆 3 个特殊节点播出，持续攀升的关注度与讨论量助力 B 站成功

① ACG：Animation（动画）、Comic（漫画）和 Game（游戏）的缩写。

破圈。如今的 B 站已经不再小众化，大量用户及组织的加入正在深化其互联网主流文化娱乐社区的新形象。

但 B 站在破圈的过程中并没有丢掉自己的特性，在 B 站，随处可见高质量的创意和轻松娱乐的年轻化态度。而涉及各大领域的专业性内容与这些特性完美结合，形成了 B 站独有的“戏说不是胡说”的创作氛围。

因此，所有想要通过视频内容的分享进行个人品牌传播，并且认为自己或自己的目标用户群体符合 B 站特性的人，都可以选择在 B 站进行推广。

4.2 价值传播，主动出击的力量

在信息大爆炸的时代，我们每天都或主动、或被动地接收着让人眼花缭乱的信息，这些高活跃度的新鲜信息，不断刷新着大家对这个世界的认知。无论是微博热搜、知乎问答、B 站推送，还是我们自己的朋友圈，精力有限的我们难以在其中每一条信息上都投入足够的关注度。如果我们认真回想自己的行为就会发现，在大多数时候我们都是匆匆划过了手机软件里的各种信息，然后在某个对我们具有绝对吸引力的文案或者图片出现时才会骤然停下。

显然，如何让自己的内容在层出不穷的信息中脱颖而出，成为每一位想要成功打造个人品牌的用户的重要目标。

4.2.1　自我宣传的“三多”

我们在小时候接受教育时就被长辈们反复叮嘱要谦虚，不要骄傲，不要主动炫耀自己的成绩……他们这样的规劝其实并无恶意，可无形之中，却早早地为我们关上了自我宣传的门与窗。

谦虚的确是一种美德，但我们主动宣传自己，并不代表我们不谦虚。在人才同质化愈加严重的现在，如果最了解我们的自己都不愿意或者不敢站出来自我宣传，那么我们又如何被更多人看到、了解并喜爱？

因为传统观念深入骨髓的影响，自我宣传的行为很容易被他人理解为“炫耀”“自负”。那么，我们究竟怎样才能在展现个人价值的同时，规避那些不适感呢？实际上，我们要把握好一切的“度”。过度谦虚会将我们推入自我封闭的误区，过度展示同样是一场灾难，只要我们不越过那个“度”，自我宣传将是一种高效的个人价值展现方式。

我根据自身经验与学员们的经历，总结出了自我宣传需要做到的“三多”，供大家参考、学习。

1. 多露面

雅虎前 CEO 玛丽莎 · 梅耶尔便是“多露面”的受益者。她曾回忆，内向的自己曾经一度非常排斥工作之余的非正式聚会，她不愿意参加这些聚会，但又碍于身份不得不强打起精神参加，这让她备受折磨。

后来，她为自己找到了一种折中的方式，在每次参与这种聚会时，她都会在心中默默向自己承诺：至少待到 × 点钟，在这之前绝对不能离开。由于在内心之中预先对自己做出了这样的承诺，所以从进入会场开始，她就会放松下来，而不是像以前一样在“去”与“留”之间焦虑不已。放松下来的玛丽莎 · 梅耶尔发现自己其实可以很畅快地融入正常聚会，并且开始享受与人交流，最终在每次聚会中自己不仅能轻松坚持全程，还总能有些意想不到的收获。

事实上，多露面不仅仅意味着高曝光，还能培养、锻炼、展示我们自信的态度，同时还能为我们带来许多优秀之人和实现自我升级的机会。因此，我们要做的不仅仅是像玛丽莎 · 梅耶尔那样不放过每一次露面的机会，更应该积极主动地为自己争取露面的机会。

当然，这不是鼓励我们无序地加入所有交际场合。既然是通过多露面的方式展示我们自己的优秀之处，那么就要选择适合我们出现的场合，这样才能收到积极的效果。反之，则可能将我们推入“自负”的误解漩涡之中。

2. 多发声

多发声，不仅仅是要我们发声，更是要我们关注“声”的质量。怎么让“声”有质量？那便是将观点放入其中。无论何时，我们都应该牢记，一个没有观点的人，就没有抓住人心的力量。

为什么在每一次的热点话题讨论中，明明有成千上万次，甚至上亿次的浏览量，但还是存在许多发表在话题中的零互动的内容？又为何在我们脑海中留下印象的讨论总是屈指可数？

因为在这些看起来热闹不已的讨论声中，真正有观点的发声并不多。有的人发出了自己的声音，但声音却没有让人认真听取、思考的价值，这样的发声就像摔出去的哑炮，动作再大，也没有任何声响。

事实上，有观点的发声不是一定要我们贡献别具一格的个人见解，哪怕某个观点是由别人提出的，我们也可以大声地表达支持与认可。这就好比热点话题中某一高互动量文章下方的高赞评论，即便这个人并不是某一观点的提出者，但他在评论中的顺势剖析，依旧会被许多人关注、认可，这同样会成为他进行自我宣传、展示自我价值的机会。

简而言之，无论是主动表达我们自己的观点，还是对他人的观点表示认可或怀疑，都是向周围人表现个人影响力及个人品牌魅力的机会。我们自己只有牢牢抓住这样的机会，才能让更多人看到。

3. 多展示

最后一“多”就是多主动展示自己的成绩。我们靠自己的努力获得的成就，就是我们个人品牌的功勋章，既然是功勋章，我们就应该自信地将它们佩戴在胸前，并为取得这样的成绩感到自豪。

许多人在向陌生人介绍自己的时候，都会产生“不敢说”的拘谨状态，会认为自己的表述可能让对方觉得是“炫耀”。事实上，只要我们实事求是地表达，就应该有全面展示自身能力与魅力的自信。

其实，各大平台的“大咖”往往都会有平台认证，这些认证里有“大咖”的身份，同时也包括“大咖”的一些成绩，如运动员在国际大赛中的名次、演员获得过的权威奖项、平台头部“大神”的粉丝量级……这些实打实的成就没有必要被遮掩。当我们大方地表述自己获得的荣誉时，也没有必要去预设他人可能会有的负面看法。

我们应该学会用“谢谢，这是我引以为豪的成就”回应称赞，而不应该再像老一辈苦心教导的那样扔出一句“没有没有，这不值一提”。

这种积极大方的自我展示可能会发生在任何时刻，这就意味着我们需要对自己的能力和成绩足够熟悉。熟练地告知用户这些信息，同样也是在向用户展示我们的自信。只有我们自己都以此为豪，才能让用户相信我们的个人品牌的确足够优秀，才能让我们的个人影响力像滚动的雪球一样越来越大，越来越有分量。

多展示其实是我们在进行自我宣传时的核心。无论是前面的多露面，还是多发声，其实都在增加我们展示自我的机会与方式。我们只有向用户群体阐明了个人品牌的价值，才能让用户相信，他们可以从我们的个人品牌价值中收获自己的价值。

4.2.2　话题宣传的“两势”

2015 年 6 月，一则犯罪嫌疑人为看某电视剧而被抓的消息忽然吸引了大量目光。在这则消息中，一位正被警方通缉的犯罪嫌疑人因为难以抵御某部热播剧的魅力，不惜每天准时去网吧追更新的剧集，结果被警方抓捕归案。

一时间，话题的热度居高不下，无论是否看过这部剧的人都在话题内大聊特聊。发展到最后，该话题俨然成为大型的热播剧安利现场——这部剧究竟有多好看，才会让正在逃命中的犯罪嫌疑人不惜以身犯险也要追呢？

如果话题到此为止，这件事对该电视剧而言可能确实只是个有趣的巧合。但很快，话题中有人质疑："这部剧每周只有两天会更新剧集，消息中的这位嫌疑人身为'资深剧迷'却表示每天都要去网吧追更新，这样的矛盾是否意味着这则消息并不真实呢？"很快，相关讨论层出不穷，但最后并没有太多人真正在意最初这则消息的真假，因为话题的中心热度一直都在"这部剧究竟有多好看"上。

事实上，无论这则消息是真是假，它都是一次成功的话题宣传。所谓话题宣传，是指借助媒体力量向大众展示内容，获取口碑，并依靠口碑进行深度发酵。这一宣传形式的核心逻辑为：准备好自己的话题，等待、寻找让用户发现话题的时机，随后用户加入话题讨论带来扩散。

这种话题宣传方式是一种"勾引式"宣传，通过主动勾起大众兴趣，创造大众讨论相关话题内容的环境。当我们借助环境势能成功将与个人品牌高度贴合的话题内容推广出去时，个人品牌自然也在这样的热烈氛围内得到了优质、高效的推广。并且，相比直接对个人品牌做推广时较为生硬的观感，话题宣传的推广形式也多了许多趣味性、巧合感与大众参与氛围。

通常而言，个人品牌的话题宣传主要有造势与借势两种角度。

1. 造势

造势宣传主要是我们自己进行话题的策划、培育及发动，主要通过三步实现。

1）第一步：选择一个合适且优秀的话题

这一步就像寻找优质的种子，它是我们能否在最终培育出优质果实的关键，只有在最开始的挑种子阶段就认真甄选，后面的一系列步骤才能产生最好的效果。我们都知道话题需要和个人品牌特质相贴合，可是除此之外还需要注意什么呢？我们应该如何确定一个合适且优秀的话题呢？这时，我们可以遵循两大原则进行话题的筛选。

第一个原则是**选取用户感兴趣的话题**。我们首先要了解用户心中所想，虽然引发公众关注是我们选取话题时的重要目标，但我们不能因此忽略用户的兴趣点。只有大众爆点，而对用户没有任何吸引力，无法与目标用户建立互信、依赖关系的话题，对个人品牌传播而言是缺乏正向价值的。

第二个原则是**话题要出其不意**，即让用户感受到“新”“奇”“特”。正如前文中犯罪嫌疑人因追剧落网的话题，短短一则消息，同时具备“新”“奇”“特”的特征，让大众眼前一亮，感到有趣、好奇，想要进一步了解。但需要注意的是，无论这则消息是事实还是杜撰的故事，话题本质对于紧密相关的电视剧都是一种正向、认可的态度——是这部剧足够优秀、吸引人，因此才会触发话题中的事件。因此，我们在重视话题的娱乐性的同时，也要关注话题对个人品牌是否有正向的加持，要避免因过度追求“新”“奇”“特”而让个人品牌受到不必要的负面影响。

2）第二步：重视话题的培育与发展

这一步就像我们为种子准备一个营养充分、条件适宜的生长环境，这个环境由“土壤”与“养分”组成，只有“土壤”与“养分”都充足且合适，种子才能茁壮成长。其中，“土壤”就是适合话题传播、发酵的平台，具体的选择依据，可以参考第4.1节的内容，此处不再赘述。

那么，“养分”又代表着什么呢？“养分”其实在话题的培育与发展过程中代表着人气，也就是我们常提及的流量。虽然各大平台都有自己长期运转的、为所有人提供机会与便利的流量推送机制，可是在话题传播的过程中，我们也需要自己掌握主动权。重视话题培育与发展的关键就在于，为个人品牌的传播争取更多的人气。

如何为自己的个人品牌传播争取人气？我在长期的个人品牌研究中归纳出了一个小技巧，那就是创造分话题。无论什么样的话题，当它仅仅局限在自己的内容范畴内时，它聚人气的能力是有限的，是没有分散动力的，所以我们需要对话题的内容范畴进行拓展。这种拓展应该符合常理，并不是任由我们凭空建立联系。

以某美食视频博主为例，该美食视频博主有一个高人气的内容板块，就是教大家如何在自助形式的餐馆内尽可能地吃回本。如何在只能拿一次餐品的自助餐馆内吃回本？这一问题原本就有一定的受众，但除此之外很难引入新的讨论，收获更多的人气。这位博主不甘于让关注这一话题的人只点进去看视频，于是在此话题上新增了一个分话题——如何用结构工程师的思维在自助餐馆内吃回本。

在这位博主输出的视频内容中，她也的确在用这样的思维方式选取、搭配手中的食材，并能实现常人用普通的选餐方式难以取得的惊人结果。在该板块视频内容的评论及弹幕中，许多正在学习建筑相关专业的学生，以及在此领域工作的年轻人，都纷纷加入讨论，其中不少人点进视频并不是为了参与主话题的讨论，仅仅是为了学习分话题中的“结构工程师的思维”。

通过建立分话题，我们显然将会得到多于只有主话题时的人气。事实上，我们时常见到的一种分话题的形式就是观点互驳，也就是对同一件事情持正、反两种态度的人进行讨论。虽然我们在打造个人品牌时，往往会针对许多人、事、物做出一些观点鲜明的选取，但这并不妨碍我们在进行个人品牌的内容创作时，将与自身观点相反的观点拿出来讨论。有时，恰恰是这种正、反观点的冲撞，才能引发许多更深层次的思考与意想不到的收获。

3）第三步：强调话题与个人品牌的连接

这一步就像我们为成熟期的果实留影存档的环节。我们培育出什么样的果实？我们收获了多少果实？如果不做记录，那么这个结果在果实不复存在之后也会随之消失，没有任何积累与可追溯的痕迹。

在这一步中，我们始终要铭记：我们围绕话题所做的一切都是为了传播自己的个人品牌，因此话题宣传的收尾工作一定要落到个人品牌上。简而言之，话题的中心最后要落实到个人品牌所代表的价值主张上。

比如，我的一位朋友正在打造专业影评方向的个人品牌，试图向大众呈现一种为影视剧产业找问题并助力解决问题的专业态度，那么他在设计、讨论任何形式与风格的话题时，都不能偏离这一核心。话题必须存在“客观审视问题”“积极寻找解决方案”的属性，这是个人品牌的基因，是其核心价值之所在——任何无法让人做出个人品牌价值主张联想的话题，都不是成功的话题。

2. 借势

借势宣传主要是指我们借助他人的话题宣传自己，也就是借他人资源为自己创造机会。

《三国演义》中诸葛亮的“草船借箭”便是“借势”智慧的体现，借势所创造的能量与达成的效果十分具有参考价值。话题的宣传自然也要巧妙地借势，这是话题传播的常用手段。

为什么我们要学会借势进行话题宣传？因为单凭自身的力量

进行话题宣传的局限性与难度仍然很大，成功的话题宣传需要大量社会力量的参与，话题中人气的维持也需要大量精力、人力、物力的投入，这对我们而言并不是一个容易实现的前提。

尤其是许多仅以个人工作、生活社交圈为个人品牌传播范围的普通人，他们并不是职业的个人品牌运营者，打造并传播个人品牌只是他们利用业余之便进行的一种辅助性“工作”，因此他们不可能时时刻刻都投入大量精力自行造势并进行话题宣传。

此时，**借势进行话题宣传便成为一种高性价比的选择**——直接利用外界环境的热点话题，让自己有话说，让用户有关注的重点。但是，我们借势并非意味着我们可以不做任何思考。为了能真正借助他人的传播势能，我们要留意以下三大要点。

1）把握介入外界话题的时机

要谈论这一点，我们首先要了解一个营销学的理论，即生命周期理论。在这一理论中，绝大多数产品都具有以导入期打头，在经历过成长期、成熟期后，由衰落期收尾的生命周期。在互联网发展起来以前，一款新产品会在导入期花费非常长的时间，但在互联网足够发达的当下，一款新产品的导入期往往不再那么耗时。

话题作为一种特殊的产品，它的导入期更短，同时在生命周期的其他阶段也有不同于普通产品的表现：成长期同样较短，能在短期内迅速进入成熟期，随后在衰落期急速“坠落”。这是因为一个话题成为爆点的关键在于能让大众对它产生好奇心，而在好奇心被满足之后，大众便不会再对相关话题持有好奇的探究态度了。在这一过程中，无论是勾起大众的好奇心，还是在好奇心被满足之后热情的消退，都是极迅速的情绪转变过程，这便造就了话题这一产品特别的生命周期。

面对这种生命周期，我们应该尽可能地在话题的导入期便参与进去。一旦错过导入期，我们的声音就很容易被淹没，而且留给我们进行其他操作的时间也不多了，整体的借势效果将大打折扣。

2）对热点话题的谈论要专业

热点话题人人都关注，对热点话题的讨论人人都参与，因此相关话题内的讨论声一定是庞杂的。当“凑热闹”的声音太多的时候，如果我们的声音足够专业，就更容易被注意、被分享，赢得更多的关注，“借”到更多的“势”。如果我们能给出足够专业的讨论声音，即使错过了热点话题的导入期，也能后来居上，成功借势。

比如，某知名影视剧公众号的许多影评、剧评都是在相关影视剧第一次出圈后被发布，这种时间上的“魔咒”不仅仅来自影视剧作品统一的上映时间——很难有人可以抢先看到作品，还来自图文结合的影评、剧评不可避免的创作耗时。即便如此，该公众号也很少被评价“蹭热点”，这全部归功于其专业性强的“谈论声”。它的确没有在热点话题的导入期加入讨论，可是“迟到”的它因为拥有足够专业的声音，让关注热点话题的人愿意在话题早已充分发酵的时期仍然关注它的声音。

这一点同样对我们提出一个明确的要求：我们在借势的时候，要先考虑清楚自己的能力是否可以在这一热点话题中发挥作用。如果我们选择的话题是自己完全不了解的内容，无法为之输出专业化的声音，那么就应该放弃这一话题。

3）与热点话题相关联的个人品牌内容要有分量

对于有些热点话题，虽然我们可以输出有价值的声音，可是却没办法同时提供与之相关联的、有分量的个人品牌内容，甚至很难在该热点话题与个人品牌之间建立联系。那么，对于这样的热点话题，我们还可以去借势吗?

许多人可能会认为，反正是借势，即便没有借上，自己也不会吃亏，心中奉行“多多益善”的原则。其实，我是不建议选择这样的话题进行借势的，因为如果热点话题没有办法与我们的个人品牌内容建立联系，无法为我们提供一个输出有分量的个人品牌内容的窗口，那么我们多走的这一步并非无关痛痒，而且很可能暴露我们的弱点，提高失误的概率。

对普通人而言，这一点重要且易“致命”。某次空难事故因结果惨烈在短时间内迅速“刷爆”各个平台。我的朋友圈内也出现了不少借势进行自我表达的人，其中两位令我印象尤深。

有一位是课程讲师，学生众多，他为了进一步巩固自己真心对待学生的个人形象，加强个人品牌魅力，在朋友圈中发表对空难事故的悲痛之情，然而输出的自我声音却是“希望上面没有我的学生”，令我骇然。

另一位是某公司的部门主管，在自己的社交圈内以“博学”“冷静”闻名。彼时官方还未明确事故原因，网上谣言不断，甚至不少人表示再也不会选择坐飞机出行。他发布的一条朋友圈先是列出了几场国内外空难事故的起因和结果，并大致推测了此次事故的成因，最终做出了“珍惜眼下，不给生命留遗憾”的感叹。许多人在这条朋友圈的评论里表示自己原本恐慌、绝望的心情被安抚下来了，并且决定更加积极地生活。

从这一点我们可以看出，借势对个人品牌进行宣传的确是一把利剑，这把利剑舞得好，吹毛立断，舞得不好，自顾不暇。因此，我们在对个人品牌进行话题宣传的时候，一定要眼观六路、耳听八方，切不可盲目行事。

4.3 口碑传播，润物“很有声”

正所谓“**金杯银杯不如老百姓的口碑**”，企业做大做强要靠口碑，名人长青不衰要靠口碑。**普通人要想将自己的价值最大化，在生活与工作中赢得更多的机会，同样需要依靠口碑**。

我们可能会认为口碑传播是企业、名人才需要考虑的问题，可事实上，口碑对每一个人而言都具有重要意义。口碑的影响自我们记事起便如影随形。我们一定还记得亲朋邻里对不同孩子的评价，以及与这些评价挂钩的相处态度；我们也很熟悉在学生时期什么样的学生更容易赢得老师与同学的信任；还有许多人正在经历职场上那些因印象、评价、经验判断而做出的工作安排……

其实这一切都是口碑的价值和意义的体现。口碑究竟是什么？口碑传播又该如何操作？接下来，解答这份疑惑将是我们讨论的重点。

4.3.1　走近口碑传播

口碑传播是商业广告中历史悠久的方式之一。口碑传播其实是绝大多数人最重要的信息来源，我们从各种各样的评价里获知商品的价值，也从各个人的评价中了解不同个体的特质与能力。简而言之，个人品牌的口碑传播，其实就是指依靠我们的亲戚、朋友、同事、合作伙伴等相识之人，将我们个人品牌的相关内容传播开来。

在销售行为中，**口碑会在消费者的购买决策里发挥重大作用**，有时带来的影响力甚至会大于“简单、粗暴”的促销活动。在个人品牌的传播过程中，口碑传播同样拥有远超前几类传播方式的影响力。

在通常情况下，口碑传播具有以下四个特点。

1. 更高的可信度

在针对消费者行为的研究中，学者们发现口碑对消费者而言是减少风险的重要信息来源，这一点在个人品牌的传播过程中具有相同的意义。

前面提及的几种个人品牌的传播方式，基本都由我们自己主导，相对而言不具备太强的客观性。因为我们都是站在自己的角度向用户进行说明的，用户对个人品牌的真实性与准确性抱有怀疑无可厚非。

但口碑传播不一样。**口碑传播的基本逻辑是基于人与人之间的承诺与信任机制发生的信息扩散，参与口碑传播的人通常与接收信息的人同为用户，对个人品牌的评价与认知都是从用户角度出发的，大家的观念与判断依据相似，因此用户会认为口碑中的信息更加客观、独立，值得信任。**

2. 更强的针对性

在口碑传播的过程中，每个人都是相关信息的发出者，同时也是相关信息的接收者。而发出者与接收者之间无论是否相识，通常都存在一种“**了解对方爱好与需求**”的关系。

不妨从我们自己的角度做个设想，当我们发现了一个文笔优秀的影视剧评公众号时，我们第一时间想要分享给自己的哪个亲友呢？我们一定会将无意中发现的“宝藏”分享给对这类内容兴趣十足的亲友。在陌生人聚集的环境中同样存在这种关系，以某购物平台评论区的“问大家”环节为例，形形色色的人针对同一个产品有时会有不同的关注点，他们会将自己关注的问题提出来，而同样关注该问题的人则会聚集在这一问题的评论区追问、讨论。此时，使用过该产品的人将会针对这些特定的询问做出回答。这些回答便是一种口碑的输出与传播。

以上这些特别之处，共同造就了口碑传播具有更强的针对性的明显特点。

3. 更低的传播成本

口碑传播的另一个名称便是“零号媒介”，被调侃为最廉价的传播媒介。事实上，口碑传播相比其他传播方式，的确拥有更低的传播成本。它利用的是人类传播信息的天性，不需要额外的设计，也不需要多余的操作，自然省去了一些投入成本。

良好的口碑是个人品牌的宝贵财富，它只需要我们做好自己分内的事情，就可以“不请自来”，成为个人品牌传播的最佳动力。一旦口碑形成，目标用户就很容易成为个人品牌的“宣传员”，并且能轻松发展为对应个人品牌的忠实用户群体，可谓一举多得。

4. 更容易形成良好的个人品牌形象

在以用户为中心的时代，良好的个人品牌形象是吸引新用户、满足老用户的重要基础，正面的个人品牌形象能有效减弱甚至消除用户的犹豫与怀疑，带给用户肯定、确切、具有安全感的认知体验。

区别于其他个人品牌传播形式，口碑在大众心中是个人品牌形象的第一象征，它能直观且准确地体现用户对该个人品牌的认知度与满意度，不沾染丝毫“自卖自夸”的“嫌疑”。好的内容与宣传，不一定能在对某一个人品牌十分陌生的新用户面前迅速树立具体的个人品牌形象，但好的口碑往往能快速打破绝大部分的障碍与隔阂，轻松地在陌生用户面前形成良好的个人品牌形象。

那么，如此特别的口碑传播能为我们的个人品牌带来什么影响呢？一般而言，口碑传播会为个人品牌带来 3 个阶段的行为影响。

首先是**关注行为**。如今，由于个人品牌与用户之间存在信息不对称的现象，因此用户在寻找感兴趣、合心意的个人品牌时，倾向于搜寻、了解更客观的口碑信息，这无疑为用户进行口碑传播创造了机会。当用户了解到的口碑传播信息与自己的认知、需求相吻合时，便会产生关注行为，主动进行口碑传播。

其次是**同向评价行为**。在用户关注某一个人品牌，并且进行了深度了解之后，无论其对该个人品牌有怎样的感知与体验，只要个人品牌的内核与用户的预期没有天壤之别，用户就容易受口碑传播的影响，与其他做出口碑评价的用户给出同向评价。此时，这样的同向评价包括用户对个人品牌的前期评估与用户对自身经历（包括接收到的口碑评价）的评判。

最后是**强化传播行为**。当用户对自己关注的个人品牌的相关信息、内容有超出预期的体验时，会对该个人品牌感到满意。此时，如果没有口碑传播的氛围，感到满意的用户不一定会将自己的态度与感受传播出去，但如果用户在感到满意的同时，还能被口碑传播的氛围“笼罩”，那么他的满意度便会得到强化，并且会产生参与传播、加强传播的冲动。这一点在我们的日常交际中十分常见，当我们对某个人拥有较好的评价时，不一定会主动向他人夸赞他，可如果此时交际圈中有人对他大加赞赏，我们便会积极地参与表态，并且主动强化相关传播。

4.3.2 掌握好口碑传播的“方向盘”

既然口碑传播具有如此特别、实用的意义，那么，我们应该如何合理又高效地进行口碑传播呢？根据经验，我总结了 3 种口碑传播的实用策略，在此分享出来。

1. 树立以口碑传播为主导的传播新理念

如今，用户在越来越丰富、热闹的广告与宣传的“轰炸”之下，越来越理性，对许多传播途径与宣传方式都有一定的怀疑心态，这也让个人品牌传播的难度与成本逐步提升。因此，我们必须改变传统的个人品牌传播理念，进行个人品牌传播路径的革新。

口碑传播曾经一直都是传播方案中的辅助成员，它虽然一直存在，可一直都只是补充性质的存在，我们现在则需要将它放到舞台中间来。如何将它放到舞台中间来？首先，我们应该打破自身对传统传播途径的依赖，以充分认识口碑传播的重要价值与特质为前提；其次，我们需要根据外界环境、个人品牌特点、用户需求等，树立以口碑传播为主导的传播新理念，并将之贯彻到整个传播过程中。

当我们做好这些工作时，口碑传播便已完成了一半。

2. 建立以口碑传播为主导的传播新方式

在做好准备工作之后，我们需要对具体的口碑传播内容进行重点关注，以确保建立内容、效果稳定的个人品牌口碑传播方式。通常来说，我们需要从以下 3 个方面对口碑传播方式进行细化升级。

1）优化个人品牌特性，改善口碑传播内容

个人品牌的特性是用户进行口碑信息传播的主要内容，因此，个人品牌的相关特性是否适合通过口碑进行传播，是口碑传播能否产生作用的关键之处。从日常经验来看，与个人品牌相关的内容质量、产品质量、形象气质、新颖度等，都是影响口碑传播效果的关键因素。我们可以针对这些关键因素进行调整与升级，优化改善口碑传播的内容，让它们更加符合口碑传播的需求，争取最大化的口碑传播效果。

2）激发意见领袖，创造良好口碑来源

意见领袖是某一群体内部因自身特殊的技能、学识、人格、社会关系或其他特质，能对群体内其他成员产生影响的人。由于这样的人在群体内具有特殊的影响力，所以他们的态度、言论、行为往往会给口碑传播的可信度、传播效率、传播范围等带来明显影响。

因此，我们可以考虑寻找并激发人群中的意见领袖，如“大咖”或普通群体内能力强的人。如果内容和方向合适，我们还可以将相关协会、部门等具有一定公信力的机构作为意见领袖，通过这样的机构为我们的个人品牌创造良好的口碑来源，利用它们在目标用户群体内部乃至外部环境中产生重要的影响。

3）提升用户的忠诚度及用户间的关联度，增强用户间的口碑传播

如果我们将口碑传播视作一个具象的网，那么参与口碑传播的所有用户便组成了一张张力极强的社会网。其中每一位用户与其他用户之间的关系强度都会对口碑传播这张网的强度、延展性等产生影响，这也就意味着，口碑传播产生的概率与传播效果都会受用户与我们的关系及用户间关系的影响。

在这个注重关系的时代，我们要关注用户与我们之间的关系，通过提高用户的满意度提升其忠诚度，加强他们进行口碑传播的意愿。与此同时，我们还应该为加强用户间的关联创造条件。增强用户间的交流及信息互通，实际是在向用户展示我们更真实、更透明化的个人品牌，这一点往往通过建立俱乐部、社群等方式解决。

3. 发展以网络口碑传播为主导的传播平台

现在，和面对面交流状态下口耳相传的口碑传播形式相比，网络口碑传播形式显然更受欢迎，并且效果更显著。这一转变无疑有效地打破了传统口碑传播形式效率低、范围小、信息失真率

高等种种壁垒，并成就了网络口碑传播形式近乎“零成本”的特性及上文提及的诸多优点。

显然，以网络口碑传播形式为主导是一件较为轻松的事情。我们可以将平台传播与口碑传播相结合，在适合自己的网络平台有意识地建立口碑传播的“网”，像重视个人品牌的内容质量一样，重视口碑传播的机会与方式。

第 5 章

三大变现渠道：

怎样快速变现

打造个人品牌的直接目的，是将影响力变现。纯粹依靠热爱，无法获得回报，热爱最终会被消磨殆尽。因此，打造个人品牌的第五步是快速掌握三大变现渠道，快速让自己的才华、价值变现。

5.1 个人品牌 + 职场变现

打造个人品牌，并不意味着成为“网红”，我们在生活中、工作上都可以打造属于自己的个人品牌。因此，个人品牌变现的第一种方式，便是利用我们的核心技能提供差异化价值，在职场、创业中获得职位晋升、身价翻倍。

5.1.1 职场晋升是最快的个人品牌变现方式

雪瑞和丽娜是同一家设计公司的设计师，雪瑞在设计品牌 LOGO 上比较擅长，于是她主动向领导提出自己主要承接 LOGO 的设计工作，领导同意了，并将大部分设计 LOGO 的工作给了她。雪瑞也做得十分卖力，她尽心尽力地研究每个品牌的发展历程、行业特点，并且总能不厌其烦地按照客户的要求修改设计稿。凡是雪瑞设计的品牌 LOGO，最后都得到了客户的高度好评。

半年后，雪瑞所在的设计小组的组长离职，领导将雪瑞提拔为该设计小组的组长，雪瑞的薪水在原来的基础上涨了三分之一。为什么领导会第一时间提拔雪瑞？因为雪瑞依靠自己在工作上的努力，成功树立了设计工作做得好、客户满意度高的个人品牌，个人品牌助力她得到职场晋升。

雪瑞的同事丽娜在职场上就没有这么幸运了。丽娜并不知道打造个人品牌的重要性，她的工作完成情况不好。尽管和雪瑞一起进入这家设计公司，但丽娜只在一些项目中负责了较小的部分，没有挑过大梁，独自主导过设计项目。此外，在每次客户要求修改时，丽娜都十分不满，有一次甚至与客户发生了争吵。丽娜的领导已经找她聊过一次，并告诉她如果再发生同样的事情，她就会被公司辞退。

由此可见，职场晋升是个人品牌变现的最快方式。在职场上形成独特的个人品牌后，我们的差异化价值将凸显出来，一旦有机会，我们就很容易成为被提拔的对象。

在职场中，大多数人并不会像丽娜那样，不仅不能胜任自己的工作，还对工作有情绪；但也很少有人能像雪瑞那样，发现自己的长处，并将这个长处挖掘出来，打造成个人品牌。

说到依靠个人品牌获得职场晋升，就不得不提董明珠。曾有媒体采访董明珠，请她给广大职业女性一些建议，董明珠说："女性在职场上打拼，首先要会做人。什么是会做人？就是我要尽职尽力，在自己的岗位上做到最好。”事实上，这也是董明珠对自己的要求，她在格力的多个岗位上工作过，并且在每个岗位上都做到了尽职尽力，她以最高的标准要求自己，这就是她的个人品牌。

1990 年，董明珠在刚刚进入格力时只是一名业务经理，30 年后的 2020 年，她是格力董事长。在 30 年的峥嵘岁月中，她通过尽职尽力、刚强果断、雷厉风行的作风，获得了职场上的稳步晋升。

我们作为普通职场人，努力获得自我能力范围之内的成就与进步并不难。因此，在职场上全力以赴、发挥所长，争取职场晋升，将是普通人将个人品牌变现的最佳方式。

5.1.2 个人品牌助力销量提升

同样是在菜市场卖菜的小摊贩，为什么张姐家的菜卖得比胡哥的快？因为张姐为人真诚，礼貌地对待每一位顾客，哪怕别人只买一根葱、一头蒜，张姐也乐呵呵地招呼他们。有时候顾客在其他摊贩那里买了菜，张姐也不介意，还帮他们削皮、切丝。服务态度好成为张姐的个人品牌。有了个人品牌的张姐，卖起菜来自然比胡哥更快，尽管他们二人都是从同一个农贸批发市场进货的。

个人品牌助力销量提升，这个道理小到街边摊贩，大到大型企业统统适用。雷军是企业家中打造个人品牌的典范，截至

2022 年 6 月 2 日，雷军的微博粉丝数量有 2275 万个，他的个人品牌的影响力，一年能给小米节省几亿元的营销费用，这也是个人品牌变现的直接案例。

有许多人会误解个人品牌变现的内涵，认为只有拥有充足的粉丝，然后去直播带货、打广告，才叫变现。事实上，个人品牌变现的逻辑与传统生意变现的逻辑全然不同。个人品牌变现的逻辑是先树立鲜明的个人形象，展现出具有竞争力的个人价值，形成一定的影响力，再用影响力去指导我们的工作，持续扩大影响力，最后将影响力变现。

在生活中，每个人都在运用自己的影响力，只不过有的人的影响力大，有的人的影响力小。比如，政治家运用自己的影响力赢得选举，企业家运用自己的影响力塑造企业品牌，销售员运用自己的影响力兜售商品。我们身边的家人、朋友、同事也在不知不觉间对我们产生影响。

影响力强的人就像一块“磁铁”，人们总会不自觉地受到他们的吸引，并成为他们的追随者。比如，在企业中，拥有强大影响力的管理者更容易赢得下属的支持，也更能激发下属的工作积极性；拥有强大影响力的员工更容易获得领导的赏识和关注，也更容易获得晋升的机会。

事实上，个人品牌与个人品牌之间的竞争，就是影响力的较量，具有强大影响力的人往往更容易在竞争中胜出。影响力越大，我们的个人品牌变现就越简单。

5.2 个人品牌 + 产品变现

什么是产品？

产品是能为市场、用户带来一定价值的，可供人使用、消费，并且能满足用户某种需求的东西。之前，大众对付费产品的主要印象还局限在“有形”这一点上，即大众更青睐能拿到实物、看到具体形态的产品。许多没有具体形态的产品不会被重视，甚至被漠视，导致与其相关的盗版盛行市场。

但现在，随着大众版权意识和知识需求的加强，人们越来越接受为知识付费、为内容付费。无形的产品也渐渐在市场上发光发热，甚至购买这类产品成为主流消费方式之一，这为我们的个人品牌变现提供了大好机遇。

5.2.1 做个人品牌必须有产品思维

不少人在做个人品牌的时候，前期只关注个人品牌的影响力。他们不是不知道个人品牌通过产品变现的思路，但他们普遍认为产品变现环节的优先级并没有那么高。

“先做社群再考虑变现。”

“先把影响力提上来再讲别的。”

“没有规模的个人品牌，卖什么都没价值！”

……

于是，在这样的思路与考量之下，产品变现在个人品牌创立初期，似乎很像悬在石磨旁驴眼前的那根胡萝卜。虽然我们都明白那是一个需要达成的重要目标，但它在短期内永远只是激励我们做其他事情的一个念想。

“先免费，再收费”，这是许多人在前面的思路之下会优先选择的策略，并认为这种策略能将个人品牌的产品收益最大化。可事实上，这种选择只会让个人品牌的变现之路走得更为艰难。

以互联网近年来音乐版权变更的不易为例，在互联网刚刚发展起来的时候，通过音乐软件下载音乐、通过各种音乐网站下载音乐等行为，是我们获取数字版音乐资源的主要方式。这些音乐软件与网站给予了我们许多年的免费获取音乐的便利，但也造成了实质上的音乐版权侵权行为。在互联网平台的版权意识逐步加强之后，音乐软件针对部分音乐的收听及下载行为添加了收费环节，以保证相关网络传播操作符合对数字版音乐产品的版权保护。这一转变一时间在众多网友中火热发酵，许多人对“付费听音乐”感到不理解、不接受，不少人认为自己并没有拿到实体的音乐专辑，并不需要为网络上数字状态的产品付费。

虽然近年来对于数字版的音乐产品，大家已不再争执“应不应该收费”“收费合不合理”等问题，但从排斥到接受，各个平台与网友们花费了许多年的时间。我们的个人品牌能经受住这么长时间的消耗吗?

显然，这件事情对个人品牌而言，是一个典型的反例。我们应该尽量缩短前面的环节，尽可能一步到位，避免在弯路上体验不必要的“成长”。从人性的角度出发，如果我们在前期提供了免费的服务及各种知识性产品，虽然能收获临时的影响力“狂欢”，可是等到真正需要收费，开始用我们的个人品牌变现、获取应得的利润时，我们会发现用户的抵触情绪非常大，甚至会因为从免费到收费的转变而选择离开。

我们常常提到成功需要不忘初心，大家对这句话的理解主要在于，不论自己多么成功，都不能忘记自己最开始的承诺和理想。可是从另一个角度而言，不忘初心也意味着我们在尝试获取某项事业的成功时，在一开始的准备、规划阶段，就要考虑我们最后要达成的目的，即以终为始，从需要实现的结果一步步拆解出中间的步骤。

简而言之，**我们在做自己的个人品牌时，在最开始就必须抱着产品思维去做**。

什么是产品思维？我们不妨先将“产品思维”拆开来看。产品，我们在前面提到，是满足用户需求，并且能帮助用户解决问题的东西；思维，则代表着我们思考问题的方式。不同的人因为自身经历与性格的不同，拥有不一样的思考问题的方式。面对不同的事情，因为最终的目的不同，我们同样需要用不同的思考方式。综合而言，产品思维是一种能够帮助用户解决问题的综合性思考方式。

我在刚刚准备与小红书相关的课程时，也曾因为对自己个人品牌影响力的担忧，考虑过进行一段时间的免费送课活动，试图通过这种方式先获取最大的关注度。

正当我做此计划的时候，身边一位与我身处不同内容领域的同行兼好友摇摇头，打断了我的计划。

他曾经就规划过前端的线下课程不收费，靠后端付费的高阶课程来平衡盈亏。在做出这样的规划后，他理所当然地认为只要不付费的课程做得足够好，前端的服务足够优秀，以此达成的辐射足够广，高阶课程的报名人数就会足够多。

最终的结果是，他的确得到了众多用户的认可，也将自己的影响力辐射到了目标中的范围。可是大家的热情似乎只集中体现在免费课程这一块，对付费的高阶课程不太感兴趣，甚至许多人都抱着在免费课程混熟了之后，也能获赠一部分高阶课程，或者在高阶课程的报名费上大打折扣的目的。

这位好友咬着牙坚持了快两年，最终因为投入与产出的比例实在不够理想，而推倒重来。

其实，像这位好友这样还能重整旗鼓的并不多见。要知道，在“扩大个人影响力”这件事上，我们需要投入的成本非常高，无论是人力、物力，还是财力、时间，这些都需要我们铆足了劲儿全情投入。如果我们不能让可以分担这些资源压力的可变现产品及时或者尽早地接棒，就很难保证自己所有的付出有合理的回报，现金流告急更是“情理之中”的事。

许多人就是在这样的艰难时刻，不得不放弃了对个人品牌的打造，落寞退场。

在与好友认真复盘了他曾经走过的弯路后，我果断地做出决定：尽早规划自己的变现产品，在创立个人品牌的初期就开始规划自己的个人品牌产品。

后来，我在打造个人品牌的道路上，将原本计划纯粹通过免费产品扩大自己影响力的阶段，改为了针对已成型的个人品牌产品做优化，完善产品机能与质量的阶段。这让我自己的个人品牌比同样内容领域的其他个人品牌得到了更快速的成长与落地。

更快地入局，更快地变现，更快地占领用户心智，这些“更快”都是抱着产品思维做个人品牌为我争取到的优势。因此，这也是我们在做个人品牌时，离最终目标最近的一条路，也是最容易保证个人品牌生命力的一条路。

5.2.2 产品变现的三个阶段

既然产品思维对我们创建个人品牌而言如此必要，那么，明确自己可以通过个人品牌打造怎样的产品就显得十分关键了。由个人品牌打造的产品形式非常多元，最常见的包括名师的付费网课、出版物，或者其他相对专业的咨询服务等。对个人品牌产品而言，变现主要存在以下三个阶段。

1. 阶段一：卖产品

在这一阶段，我们只是在进行最简单的变现。除了产品自身的质量问题，我们对产品并没有进行太多的思考，心中的目标仅仅是通过一样东西换取利润。这样的产品通常前期投入少，不需要花费太多的精力与时间，但它的寿命相对较短，并且几乎不会为我们带来附加利益，对我们个人品牌的生命周期也没有积极的加持。

2. 阶段二：卖品牌

处于这一阶段的产品，除了会被关注自身的质量问题，还会被深度考虑与个人品牌的契合度的问题。这个产品能否代表我们的个人品牌？这个产品能否成为个人品牌的“广告”？我们会为处于这一阶段的产品进行一定程度的设计与包装，并统一其外在表现，争取让每一款个人品牌产品都能为我们的个人品牌增光添彩。

3. 阶段三：卖方案

这一阶段是个人品牌产品的终极阶段。当我们的个人品牌产品处于这一阶段时，我们反而会相对忽略个人品牌属性的问题——但相对忽略不代表漠视，只是我们有了更加重要的问题需要关注。

这个更加重要的问题就是我们的个人品牌产品是否能为用户解决问题。

如果说我们对处于阶段二的个人品牌产品的考虑是产品的实物质量与个人品牌的影响力，那么对这一阶段的个人品牌产品的考虑就是产品的实物质量与产品的知识性。无论是有形的产品，还是无形的产品，其知识性都是我们在打造个人品牌的过程中最该重视、最核心的内容。处于阶段三的个人品牌产品，为用户提供的不仅仅是一款产品，还是一套解决用户实际问题的可落地方案，后者是能切实改变用户生活的高价值知识性产物。

同时，站在用户的角度来看，有解决方案的产品与无解决方案的产品相比较，前者对用户的吸引力更大，并且更容易激发用户的消费兴趣。举一个简单的例子，如果我们需要让用户买一套训练表达能力的线上课程，当我们表示“这是一套提升你的表达能力的课程”时，许多用户或许会第一时间想：“我为什么要提升表达能力呢？这个东西对我来说有什么必要呢？”

可如果我们从帮助用户解决实际问题的角度表示：“你是不是经常因为说错话遭人误解？或者成为聚会上的‘冷场王’？这套课程可以帮助你告别这些生活中的尴尬情形，甚至让你赢得更多人的喜爱。”用户显然会更容易心动。

其实，向用户卖方案并不仅仅在最后的变现阶段体现，它对个人品牌产品的重要性也体现在产品规划与设计阶段。以向用户提供解决实际生活中各类问题的方案为出发点的产品设计，显然要比另外两种更容易得人心，也拥有更长的生命周期。这是真正的用户至上的产品设计理念，对个人品牌而言，这样的产品设计理念起到的作用不单单是锦上添花，更是画龙点睛。

5.2.3 个人品牌能够打造出怎样的产品

通常来说，我们可以将由个人品牌打造出来的产品按照实际作用分为两类：一类是以影响力作为回报的产品；另一类是以利润作为回报的产品。

1. 以影响力作为回报的产品

许多人在创立个人品牌时，都因为专注于扩大影响力而忽视了个人品牌产品。实际上，对影响力的重视并不与我们做产品相冲突，相反，这两者还相辅相成，共同推动个人品牌的打造。

以影响力作为回报的个人品牌产品，就是这样能起到“一石二鸟”的作用的产物。

通常来说，以影响力作为回报的个人品牌产品，价格都不会定得太高，它的主要作用是为我们引流，源源不断地为我们带来优质的流量。那么为什么我们不将这种个人品牌产品设置成免费获取，使产品为我们带来的流量最大化呢？因为虽然我们需要流量，需要打造个人影响力，但我们更需要对目标用户群体进行筛选。

事实上，无论是从免费到付费，还是从低付费到高付费，对个人品牌产品而言都是难以迈过的门槛。后者我们必须面对，但前者我们可以通过定向筛选“跳过”。以影响力作为回报的低价产品，就相当于一个漏勺，帮助我们从茫茫人海中筛选出有为个人品牌产品付费意向的用户。

同时，低费用但优质的个人品牌产品也在为个人品牌“网罗”目前还不知道我们，或者不信任我们的潜在用户。这类用户一定不会选择我们推出的价高的个人品牌产品，但对低价的产品，他们往往会有做出下单尝试这一决策的冲动和可能性。无论是我们在购物软件上看到的“9.9 元包邮”的日常产品，还是我们在各平台上看到的“10 元体验课”，这些都属于以影响力作为回报的产品。

显然，我们不可能靠这类产品赚钱，甚至还可能亏钱。我们的收益重点是获得大量原本不可能关注我们、为我们消费的潜在用户。问题也接踵而至：我们怎么保证通过这样的产品收获理想的影响力回报呢？

这时，我们就要重视以下 3 个方面的内容。

1）低成本，但高价值

每一个成功的个人品牌都有自己独特且专业的知识体系，这一点我们在前文中已经论述过。那么，我们在设计这类个人品牌产品的时候，就需要拿出一部分足够专业的、对目标人群有绝对吸引力且能为他们带来实质性的帮助，即提供可行的解决方案的内容。

即便是有形产品，这样的思路也同样适用。我们不能因为这样的产品成本低，就敷衍了事，要想着为它们配套与其经济价值同等的内容。我们提供的内容的价值要高于它的定价，甚至如果有能力，可以让内容的价值远高于定价，这样造成的价值差就是我们向潜在用户表示的诚意，也是我们对个人品牌内核的自信力。

2）可批量复制

既然是为我们获取影响力的产品，那么该产品的量自然是我们关注的重点，量大就意味着投入的成本高。我们虽然要注重以影响力为回报的产品的价值，但也需要考虑自身的成本问题。容易被批量复制的产品，往往生产成本更低。

比如，体验课、电子书、软件安装包、素材包、画册等，这些产品都是非常容易批量复制，而且能大大缩减我们的装备成本的产品。它们都有同一个需要注意的点：一定要与我们的个人品牌内容息息相关，不能毫无关联。我们可以在内容的含金量与相关的设计上提升这类产品的质感，争取获得用户更多的信任与认可。

3）设置规则门槛

设置详细的规则门槛是为了筛掉无法为我们带来影响力回报的用户。此前提及的低价是一方面，另一方面，我们还可以为想要获取我们的个人品牌产品的用户设置一些简单的任务操作环节。比如，要想获取我们的低价体验课，需要完成一定量的转发任务，或者要想获取我们的内容画册，需要先关注我们的个人品牌运营平台的账号等。

通过这样的筛选，我们获得的用户在后续"从低付费到高付费"的转化中就会有更好的表现。

2. 以利润作为回报的产品

以利润作为回报的产品，是我们品牌变现路上的主要盈利点，能够提高个人品牌变现率。这一类型的产品包罗万象，包括付费课程、专业咨询、出版物、文创周边产品等。它们的共同点就是能最大限度地体现我们个人品牌的核心价值。与以影响力作为回报的产品不同，以利润作为回报的产品需要我们"倾尽所有"。这就意味着，我们应该潜心研究与个人品牌产品相关联的知识与方案。关于其意义与价值我们在前文中已提及，故不再赘述，但我们仍然需要注意以下 3 点。

1）与以影响力作为回报的产品强相关

以影响力作为回报的产品与以利润作为回报的产品其实可以连接起来：强影响力产品往往能够带来高利润，强影响力意味着用户对我们的个人品牌足够认可，此时产品价格对用户消费决策的影响将减弱，用户不会过分关注价格；高利润产品也能提升我们的个人品牌影响力，当利润充足时，我们能投入更多的资金以提升影响力。当我们能够打造出兼具强影响力和高利润的产品时，该产品的价值将无限提升。

2）重视内测

由于以利润作为回报的产品通常会有较高的定价，因此，其经济价值是否符合其内容价值就成为保证转化率的重点。“当局者迷，旁观者清”，身为个人品牌产品设计者的我们，不一定能足够客观地审视其中的价值。即便抛开价值问题，单就产品内容而言，它的设计是否合理，是否足够吸引人，是否直达用户痛点……所有问题都需要进行一定的内测。内测环节是经过精细打磨的步骤，是帮助我们真正站在用户角度考量产品的阶段。如果产品在内测阶段能达到理想的转化率，那么我们更容易在实际市场中收获合格的“从低付费到高付费”的转化率。

3）注重锚定效应

锚定效应是心理学名词，是指人类在做决策时往往会过度依赖自身获取到的第一条信息。这第一条信息就是所谓的锚点，它甚至能影响人们接下来的行动。形象化来说，如果我们一直将自己的个人品牌产品对标高价产品，那么其价格就会拥有一定的上浮空间，但如果我们将个人品牌产品对标低价产品，用户将更倾向于压低我们的个人品牌产品的价值。

针对这一点，许多人可能会下意识地选择与高价的同类产品对标，但事实上，我们可以为个人品牌产品设定一款锚定型产品。比如，我们可以针对个人品牌的内容领域设计一款定价为 10 万元的高精尖产品。在这款锚定型产品存在的情况下，我们常规的万元档产品就会更显实惠，以利润作为回报的产品将更有吸引力。

但是，我们在设计锚定型产品的时候，一定要注意它的价值，这款产品不是拿来“吓唬”人的，它需要有真正的配套价值。同时，它一定是具有鲜明的个人品牌特色的差异化产品，如果有一对一定制的 VIP 属性，则效果更好。

5.3　个人品牌 + 广告变现

当个人品牌发展到一定阶段，其影响力越来越大，尤其是在各个平台上拥有诸多粉丝时，我们就可以选择广告变现，与商家合作，用影响力赚钱。

5.3.1　广告变现的三大来源

广告变现说起来容易做起来难，我们除了要维持平台的粉丝量并提升内容质量，还需要练就一双“火眼金睛”，来甄选优质、诚信、靠谱的广告商家。当然，在甄选广告商家之前，我们首先要知道获取广告商家的最佳途径有哪些。

1. 商家主动邀约

商家主动邀约是最为常见的一种广告来源，但它的门槛相对较高，粉丝基数、内容定位、个人品牌的人设定位、编导创作能力、视频平均播放量或内容阅读量等，都是广告商家寻找合作伙伴要考察的数据。这些数据所呈现的效果越好，我们越容易接到广告。

通常，商家会在后台以私信的方式主动邀约，如果双方都有意向，便可以进一步洽谈合作细节，包括产品信息、报价、目标人群及双方诉求等。但受“网红效应”的影响，有些商家的私信邀请很容易被粉丝的私信所淹没。为了避免这种情况的发生，我们可以在账号主页或个人简介位置标明商业合作的联系方式，并让商家注明来意及品牌名称，以便快速、高效地处理此类商务信息。

需要注意的是，虽然商家主动邀约是一件两全其美的事，在植入商家广告宣传产品的同时，也可以让我们成功实现广告变现，但这并不意味着我们要来者不拒。

在互联网时代，网络消费的陷阱层出不穷。当接到商家的主动邀约时，我们还是应对商家的相关信息做一些基础了解，辨别商家的真实意图，在确认对方的可信度后再进行后续的深入交流，避免因盲目签约而因小失大。

商家的信誉、产品的质量、售后服务等，我们都要进行认真考察。比如，正规的商家有自己的生产车间或代理加工厂，而三无商家都是一些不具备生产资质的家庭小作坊，涉及虚假营销、售后无保障等。

2. 信息发布平台投放

互联网的高速发展，使得信息发布平台迅速崛起，其中的营销信息在当今社会的营销信息中占据了半壁江山。线下推广耗时耗力，线上信息发布平台成本低、操作便捷，受到了很多广告商家的青睐。

比如，今日头条广告平台、抖音信息流广告投放平台、微信广告平台——朋友圈、新浪广告平台——粉丝通、百度广告平台——百度推广、腾讯广告平台——广点通等，都是当下主流的信息发布平台。我们可以根据自己的实际情况与个人需求，在平台上接单，与商家进行意向沟通。

千万不要低估了信息发布平台给我们带来的实用性与便捷性。信息发布平台将各类商家的广告信息收集汇总，按需分类，极大地降低了双方的时间成本与沟通成本。此外，线上广告具有多形式、曝光率高、投放简单、方便阅读等特点，很多环节皆可在线上完成，这也让双方的合作变得更高效、快捷。在采用这种方式接广告时，我们仍需要注意一点，虽然各个信息发布平台会对商家的资质及情况进行基础的判断与筛选，但这并不能成为我们掉以轻心的理由，我们还是要有自己的思考和判断。

3. 同行互相推荐

一个人可以走得很快，但一群人才能走得更远。同行之间难免存在恶性竞争，但不可否认的是，我们获取商家广告的机会，有时候也来自同行互相推荐。毕竟一个人的资源有限，单枪匹马总归独木难支。

在互联网时代，很多资源都可以进行互换、共享或转介绍。我们这样做不仅可以与对方一起创造共同利益，产生“1+1>2”的效果，也更容易被对方接受。换一种角度来看，同行并不是冤家，也可以是创作伙伴，是学习榜样，并且与我们相互成就。

举个例子，做企业管理内容的 A 接到了与家庭教育书籍相关的广告推广，但这与他的个人定位不太符合，于是他将这一单业务转介绍给了同行 B，因为同行 B 的定位更符合此广告，产生的影响力也更大。同行 B 在承接此广告后，为了感谢 A 的帮助，给予 A 一定的转介绍费。如此一来，两个人都能从中获益。

综上所述，获取广告商家的途径很多，并不是单一的。我们要避免恶性竞争，努力维护好与同行的关系，争取合作共赢。

5.3.2 广告变现与用户体验的双全之道

广告变现和用户体验能否形成双赢的局面，这需要我们心里有一杆秤，称人也称己。毕竟不同规模、不同阶段、不同时期对粉丝的定位、侧重点与优先级不同，应对的措施也截然不同。

但可以肯定的是，只要我们做好以下三点，就能达到广告变现与用户体验完美融合的双全局面。

1. 形成长期思维

在互联网时代，移动广告呈现爆发式增长。是细水长流，还是竭泽而渔？是“三天打鱼，两天晒网”，还是追求长期思维，立足长远谋发展？这考验的是我们对利益的取舍。虽然在广告变现之路上，形成长期思维，摒弃短期利益可能会让我们遭受一部分损失，但长期思维能让我们走得更远、更久，能让我们在未来的某一天超越绝大多数人，并获得丰厚的回报。

2. 控制广告量

精准投放是广告营销的关键，一来可以减少商家广告费用的浪费，二来可以使广告的转化率提高。广告转化率高，意味着变现的收益也能水涨船高。但无论采用何种形式的广告宣传，我们一定要保证其内容真实，不涉及政治导向，不涉嫌虚假宣传，并适当地控制广告量，精准定位目标用户，努力提升用户体验。

如果只是为了实现变现，不考量广告内容的真实性及合法性，或承接与账号定位不符的广告，罔顾用户的体验与感受，这不仅是对用户的敷衍，更是对自己的不负责任，皆非长久之计。毕竟，狂轰滥炸、虚假宣传式的广告，很容易让用户产生审美疲劳，引发用户对广告的排斥，同时也容易让自己遭受更大的损失。

3. 用创意直击人心

“我是江小白，生活很简单。”作为一款广告比产品还出名的

“青春小酒”，江小白的广告文案堪称一绝。为什么短短几年，它能够快速跻身于白酒品牌十强？它的神奇之处到底在哪里？我们不妨先来看看它的广告文案。

“我在杯子里看见你的容颜，却已是匆匆那年”“我把所有的人都喝趴下，就是为了和你说句悄悄话”“说不出的事叫心事，留不住的人叫故事”。江小白不仅改变了消费场景，它更像一个“会说话的产品”，以“表达瓶”的形式，用一句最简单朴实的话，倡议更多年轻人抒发和表达内心的真情实感。凭借这种直击人心的创意广告，江小白迅速抢占市场，在为目标用户带来良好体验的同时，也吸引了更多优质用户。

相比平平无奇的广告，创意十足的广告总是能让人眼前一亮，同时还让人产生舒适的体验感，一点都不觉得违和。一般来说，创意广告分为以下六种类型。

1）拟人型

拟人型是指赋予商品人性，让商品以人的口吻进行生动、形象的阐述。比如，加油站广告语：“你的香烟，我的石油，注定我们不能相爱。”

2）幽默型

幽默型是指以诙谐幽默、高雅风趣的语言来表现商品主题，给用户一种轻松愉悦的体验感。比如，公路交通广告语：“如果你的汽车会游泳的话，请照直开，不必刹车。”

3）比喻型

比喻型是指用比喻手法对商品特征进行描绘或渲染。比如，眼镜广告语：“眼睛是心灵的窗户，为了保护您的心灵，请为您的窗户装上玻璃吧。”

4）夸张型

夸张型是指夸大商品特征，加深用户印象。比如，奶茶广告语：“一年卖出七亿多杯，杯子连起来可绕地球两圈。”

5）悬念型

悬念型是指利用好奇心理，以猜谜的方式来调动或激发用户的兴趣。比如，某糕点广告语：“味道怎么好，一吃就知道！”

6）故事型

故事型是指将故事融入商品中，借由故事情怀做营销推广，从而引发用户共鸣。比如，江小白广告语：“我把所有的人都喝趴下，就是为了和你说句悄悄话。”

5.3.3 警惕广告变现的“禁区”

虽然广告变现能为我们带来收益，但它不是想做就能做的，也不是有钱就能随便做的。我们在承接广告时，切忌一接了之，要警惕广告变现的“禁区”，为自己规避一些风险。

1. 不能接的广告

想要快速变现，承接广告是一个不错的方法。但凡事有利必有弊，正所谓短期看利益，中期看规划，长期看格局，这才是我们在广告变现的路上应该重点考虑的事情。接与不接，我们要细细思量，并非接的广告越多越好，而是尽可能地挑选一些高质量且与账号、目标用户相匹配的广告。

并不是所有商品都能通过广告的形式出现在大众眼前，因为《中华人民共和国广告法》为规范广告行业，将部分商品列入了广告“禁区”。比如，药品、保健食品、医疗器械、医疗广告等不能宣称“疗效”、安全性的断言或保证。再如，烟草广告不能出现在公共场所，除了烟草制品专卖店的店堂，其他任何形式的烟草广告均被禁止发布。所以，这几类商品的广告，无论如何都不能接。

2. 广告宣传的注意事项

正所谓“君子爱财，取之有道”，在追求广告变现的过程中，我们还需要注意以下两点，避免踩坑。

1）拒绝虚假广告

不管是网上购物还是实体购物，相信很多人都遭受过虚假广告的毒害。何谓虚假广告？它是指在广告中采用欺骗手段，对所销售的商品或服务的内容做夸大其词或引人误解的表述，从而导致用户做出错误的判断。当我们面临这种情况时，果断拒绝是最好的做法，千万不能因为一己私欲而误导用户，甚至违反法律。

在网络时代，信息传播速度快，监管的力度应该更强。一旦出现虚假宣传，欺骗、误导用户并造成损害的，除了商家要依法承担民事责任并赔偿用户损失，代言人也要承担连带责任。

例如，2022 年 5 月 28 日，广州市市场监督管理局对演员景甜违法代言做出行政处罚，罚没款合计 722.12 万元。事情的起因是广州无限畅健康科技有限公司委托景甜代言其经营的“果蔬类”食品，但相关“果蔬类”食品并无任何证据表明其具有“阻止油脂和糖分被身体吸收”的功效，实为普通食品。受此影响，景甜在此后三年内不能再代言任何广告。

2）勿频繁发布广告

当今，铺天盖地的广告频繁地出现在我们的生活中，如影随形，并十分具体地参与了我们生活的每一个细节。虽然大众对广告的认可度与接受度越来越高，但这并不意味着我们就能随心所欲地发布广告。

要知道，内容创作才是我们的核心，我们应在输出高质量内容的前提下，寻找合适的机会与方式，实现广告变现。在此过程中，我们要重视用户体验，实现广告变现与用户体验的双赢，切勿本末倒置，毕竟用户最关注的还是内容本身。

第 6 章

三大迭代：

如何让个人品牌产生复利价值

在前文中我们提到，个人品牌发展会经历四个时期，在勃发期过后就会进入消耗期，从此个人品牌由盛转衰。虽然这是不可改变的规律，但我们可以通过一些努力，延长个人品牌的生命周期，将勃发期拉长。

6.1 加强自我管理，成为更好的自己

个人品牌打造并获得认同的过程，其实就是我们加强自我管理，逐步成长的过程。在这个过程中，我们从“现在的自己”逐渐走向“未来的自己”。个人品牌打造和维护是一个长期的过程，如果现在的我们不加强自我管理，提升自身能力，那么未来的我们仍然会和现在的我们一样。即使我们打造个人品牌，这个个人品牌也会很快走向衰亡。

6.1.1 时间管理：告别晚睡晚起、拖延症

时间管理是一个大众已经用滥了的概念，但我仍然想强调它的重要性。在打造个人品牌时，做好时间管理非常重要，否则我们的个人品牌打造规划就是一纸空文。

自制力差、自律性不强的人，经常经历这样的事情：从镜子中看到自己日益圆润的腰身，下定决心减肥，制订了一个月的减肥计划，如每日健身、少吃大鱼大肉等，结果没到三天，就放弃了健身，并开始暴饮暴食，吃完后内心非常悔恨，又开始下一轮减肥计划；习惯性地拖延工作，在最后期限即将到来时才开始拼命工作，事实上如果每天都能完成一点，也不至于熬通宵加班……

许多人仿佛陷入了一个怪圈中，他们制订计划—放弃计划—内疚、焦虑—重新制订计划—再次放弃计划—内疚、焦虑，但偏偏不改变自己的习惯。

其中，晚睡晚起和拖延症是最为严重的浪费时间的现象，在此我特意将这两点着重说明。

1. 晚睡晚起怎么办

许多人会无目的地熬夜，他们刷手机、打游戏，一晃就到了凌晨两三点，天快亮了才沉沉睡去。如果不需要上班、上学，他们能一觉睡到下午，再重复前一天的操作；如果晚睡之后第二天还要早起，那就意味着第二天的工作、学习成果将大打折扣，因为他们一整天都昏昏沉沉，困意十足。

之所以晚睡，不同的人有不同的理由：有些人认为自己工作、学习了一整天，只有晚上的时间属于自己，希望在这段时间内好好放松一下；还有一些人被有趣的漫画、视频等吸引，不知不觉大脑皮层兴奋起来，没有了睡觉的欲望；有些人在内心深处对时间的流逝感到惋惜，他们认为只要自己一直不睡，今天就永远不会过去……

事实上，晚睡晚起的问题很好解决，只要我们管理好自己，并坚持早睡早起，养成习惯即可。

1）睡前避免强刺激性的活动

在睡觉之前，如果我们仍然进行对大脑有着强刺激性的活动，如打游戏、刷视频，就会很难进入睡前准备状态。即使马上关闭电脑和手机，我们也仍然在回顾刚才的活动，难以入睡。

为此，需要在睡觉前半小时或一小时内停止这些具有强刺激性的活动，用一些温和的活动替代。比如，听一段舒缓的音乐，让自己静下来；或者闭上眼睛放空大脑，让自己什么也不想；还可以看会书，使自己保持情绪稳定。

当睡意积攒到一定程度时，我们就可以停止这些活动了，然后静静地睡去。

2）明确早睡的意义

营造入睡环境固然重要，但若没有强有力的意志支撑，营造的环境很快便会被我们打破。比如，三分钟前决定关掉手机睡觉，可三分钟后又不自觉地打开了手机。

一切没有目的的改变都是无意义的，我们必须找到自己早睡的意义。这一步很简单，但也很重要，只有如此，我们才能改变深夜玩乐的习惯。

我们早睡的意义可以是保持身体健康，熬夜会令我们的身体机能下降；也可以是保护皮肤，熬夜会让我们的皮肤暗沉、长痘；或者有更简单的意义，是让我们第二天元气十足，不再萎靡不振。对打造个人品牌的我们来说，早睡是第二天工作顺利开启的必要条件。在早睡之后，我们能够明显感到身体、精神的变化，便会更容易告别晚睡。在早睡之后，我们自然就会早起。

2. 有拖延症怎么办

拖延症是当代许多人都有的毛病，主要表现是缺乏自信、只想不做、懒散胆怯、执行力差。随着拖延程度的加深，有些人还可能会焦虑和抑郁。

造成拖延症的原因有两个：一是人类天性中的懒惰因子作祟，那些需要我们做成、做好的事情，没有一件是轻松、简单的，而人天生喜欢趋利避害，对于那些困难的工作，便自然而然地不想去做，于是开始拖延；二是我们常常希望把事情做得完美，却总是由于各种原因不能得偿所愿，完美主义与不完美的现实之间形成了矛盾，我们想放弃，却又不得不做完，此时，折中的方法便是拖延。

深受拖延症困扰的人们，总是焦虑地等待着最后期限的到来，然后在最后这段时间内逼迫自己提高效率，完成任务。虽然最后大多都完成了任务，但在紧急情况下“逼”出来的结果，自然不如“慢工”做出来的“细活”。

那么，应当如何改掉拖延的毛病呢？要学会将大目标分解成小目标，然后按时、按质、按量地完成小目标。

一次性完成任务，这个目标太大，会使我们的畏难情绪加重。但如果将大目标分解成一个个很容易达成的小目标，在心理上则会感到轻松一些，也更容易让自己行动起来，去完成小目标。

比如，我在撰写本书前，常有这样的感觉：要写一本 12 万字的书，这太难了，还是等等再开始吧。后来我把要写 12 万字的大目标分解成每 3 天完成 1 万字的小目标，我内心的压力减轻了不少。3 天完成 1 万字，意味着我每天只需要抽出 3 小时，写出 3000 多字的内容，这对我来说还不算困难。每天坚持写，只需要 36 天，我就能完成这本书的写作。虽然最后写完本书不止用了 36 天，但也没有超出多长时间。如果我拖延着迟迟不动笔，那么此时此刻可能我的书还未开始写。

打造个人品牌需要拥有极强的执行力，一有任何想法，就应当马上去实施，否则很容易被他人抢占先机。因此要养成良好的工作和生活的习惯，早睡早起，不再拖延。如此一来，我们精力充沛，一有想法就能立刻去做，从而加快个人品牌打造的步伐。

6.1.2 情绪管理：遇事先用理性思维

获得用户的认可和信任是打造个人品牌的关键，但这并不容易，过程中可能会有许多坎坷。我们难免会被这些事情影响，产生难过或焦急等负面情绪。但切记，我们不能将负面情绪传递给用户，因为这与我们之前打造的个人形象不符，会破坏我们的个人品牌。所以，要打造个人品牌，我们还需要学习情绪管理。

人的情绪是有记忆的，过去我们遇到的令自己高兴、悲伤、害怕的事情，会积淀在脑海中，一旦再次发生类似的事情，这些情绪便会涌上心头。

唐代诗人崔护于清明时节在长安郊游，因口渴敲开了一户人家的门，向门内的女子讨水，女子在给崔护递水时，微红的脸与屋旁的红色桃花相映，两人一见倾心，别时依依不舍。次年清明，崔护故地重游，可惜那户人家已经不知去了哪里，只有桃花还开得红艳艳，崔护有感而发，便题诗："去年今日此门中，人面桃花相映红。人面不知何处去，桃花依旧笑春风。"

崔护与女子邂逅时的场景——"人面桃花相映红"，被崔护记下来了，印象深刻。第二年崔护再次来到这户人家的门前时，一看到桃花就想起了当时的场景，即使女子已经不在，他仍然能够回想起来，这就是一种典型的情绪记忆。

情绪记忆并不都像崔护的故事那样浪漫，很多时候因为情绪记忆的存在，我们会产生心理阴影。比如，有些人曾经在雷雨天时受到伤害，或者看到一些恐怖的事情，便会对雷雨天产生阴影，往后经历的每个雷雨天，都会令他们感到害怕。

再如，在信息越来越透明的当下，我们常常在网络上看到一些名人逃税、打人等新闻。一旦出现了被证实的负面新闻，这些名人从前打造的所有个人品牌将不复存在，他们在大众心中的形象就会轰然崩塌，人们只会记住他们所做的错事。

正因为如此，我们如果在用户面前传达出负面情绪，就很有可能在他们心中留下深刻印象。用户一旦再次看见我们，便会想起我们宣泄情绪的样子，不利于我们宣传正面形象，影响我们的事业发展。

但我们每个人都是拥有七情六欲的人，不是没有感情的机器，有了负面情绪，我们就只能压抑着吗？这当然也不对。

长久地压抑情绪，会对我们正常的工作、生活产生影响，还有可能对身体造成伤害。世界卫生组织曾指出：80% 以上的人会以攻击自己身体器官的方式来消化自己的情绪。身体是心灵的一面镜子，它会如实地储存我们过往的所有经历，那些不好的经历夹杂着负面的情绪，会产生负面能量，不断攻击我们的身体。

如果把人的情绪比作一条河，当负面情绪越积越多时，这条河的水位就会暴涨。很多人为应对这种情况，选择建起堤坝，试图将水流堵住。然而这种做法或许能挡住一时的水流，但水越积越多，终究会把堤坝冲垮，泛滥成灾。

那么，既不能随意发泄，也不能一直忍着，我们到底该如何应对负面情绪呢？我们要从负面情绪产生的那一刻开始解决。我要说的解决方法，不是负面情绪一产生，我们就发泄出去，而是当负面情绪来临时，我们要改变自己的思维方式，用正确的、健康的思维方式代替产生负面情绪的思维方式，在负面情绪要产生的那一霎那就将其扼杀在摇篮中。

回想一下，我们在什么时候会产生负面情绪呢？在面对他人的无端指责时，在受到他人的欺骗时，在遇到难以处理的事情时，我们都有可能产生负面情绪。如果用非理性的思维方式，我们可能在一瞬间就火冒三丈，然后与人争吵起来。

然而理性的思维方式是这样的：面对他人的无端指责，我们应该想到的是这个人为什么要指责我，他指责我肯定有他的原因，我需要问清楚这个原因，如果真的是我做错了，我该向他道歉，如果是他弄错了，他需要向我道歉；当受到他人欺骗时，我们应该想的是，他欺骗我，是害怕我怪罪他，还是其他的原因，虽然被人欺骗很不好受，但我要弄清楚他欺骗我的真实原因；当遇到难以处理的事情时，我们应该想到的是，既然这件事情我处理不了，那么我应该寻求他人帮助，或者学习一下相关知识，总之应该想着如何处理事情，而不是放任事情发展。

在更换了理性的思维方式后，我们会发现自己几乎不会产生负面情绪了，这种方法就是美国心理学家阿尔伯特·艾利斯提出的“理性情绪治疗法”。

理性情绪治疗法的难点在于遇事后快速反应，找出事情背后的逻辑，而不是被情绪冲昏头脑。这需要我们遇事冷静，先思考再说话。在信息传递无比迅速的当下，管理好自己的情绪，就是管理好个人形象，从而避免自己身陷负面舆论之中。

6.1.3 学习力管理：四位一体的高效学习体系

过去，大部分人在实践中获取知识的速度是缓慢的，效率是低下的，获取的知识是在日复一日的工作中自我摸索出来的；而现在，人们的生活日新月异，每个人每天都需要高效地获取知识。从来没有一个时代像今天这样需要人们随时随地、持续不断、快速高效地学习。只需要短暂地学习一段时间，便足以受用终生的时代，已经一去不复返了。

我们在进入社会，走上工作岗位一段时间后，对工作逐渐熟悉，是不是就无须再进行新的学习了？如果我们再工作几年，晋升为管理层，管理知识也学得差不多了，是不是更不用学习新的知识了？

能够问出这些问题的人，在职场上很难走远，因为无论到了哪个阶段，“啃老本”都会令我们止步不前。我们不学习、不进步，但周围的同事、同行、客户在学习、在进步，跟不上他们的步伐，我们很快就会被企业淘汰。更严重的后果是，时代在不断进步，周围的环境每时每刻都在发生变化，如果我们不学习、不进步，就会被社会、被时代淘汰。

个人品牌的打造不是一成不变的，会随着我们的成长和进步而迭代。要想延长个人品牌的生命周期，我们也要不断地提升自己的能力，而这一切都需要不断学习。

学习是一件需要我们长期坚持的事，大多数时候我们可能都是“一鼓作气，再而衰，三而竭”的状态，满怀热情地制订学习计划，却坚持不下来。

热情只能驱动我们开始，要想真正地深入学习、时时学习，我们还得做好学习力管理，从学习动力、学习方法、学习效率和创新思维四个方面入手，打造四位一体的高效学习体系。

1. 学习动力：改变“不知道为什么学”的心态

在接受学校教育和家庭教育时，由于我们年纪尚小，缺乏学习的自觉性和积极性，所以总是在父母、老师的监督下完成学习任务，不自觉地便产生了学习是“为老师学”“为父母学”的想法。在我们步入职场，离开父母和老师的监督后，“为老师学”“为父母学”的想法很容易转变成“不知道为什么学”的心态，因为此时我们不再需要考学，失去了具体而清晰的学习目标。

这是一种普遍的现象，在失去目标后人们很难再去学习和提升自己。为此我们可以将当下的目标列出，并写明与目标相关的其他因素，改变“不知道为什么学”的心态。

比如，当我们有具体目标——打造个人品牌时，我们可以列出这样几个问题：我想打造出什么样的个人品牌？我的目标需要我怎样去行动？如果我的目标达成了，我会有什么样的收获？如果不能达成，又意味着什么？

对这些问题的回答要清晰而具体，这样才足以激励我们为了达成目标而学习。

在短期目标达成后，为了避免再一次失去目标感，我们需要对自己的人生有一个长期规划，也就是拥有一个宏观目标。对此，我们可以列出以下几个问题：我现在的生活是否足够有价值？我是否越来越平庸？我该学习哪些东西，能让我的生活重新获得生机？

长此以往，我们通过不断学习，不断达成自己的目标，学习就会成为我们的习惯。即使短时间内没有明确的目标，我们也不会停止学习。

2. 学习方法：抓关键部分

学习是一个从输入到输出的过程，在这个过程中，很多内容并不需要全篇背诵，而需要熟练运用，这能够让我们的知识水平、能力水平有所提高，如图 6-1 所示。

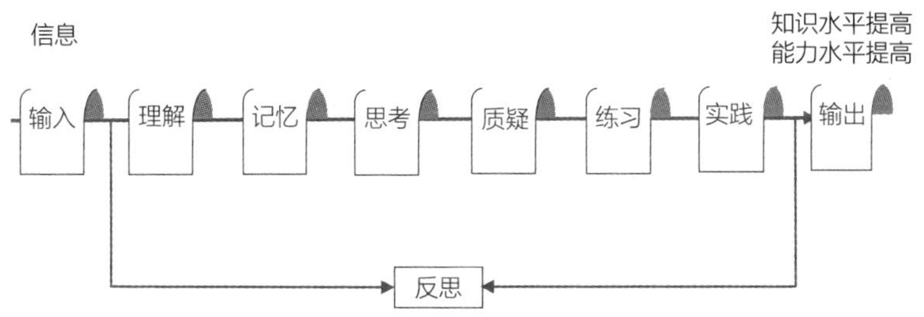

图 6-1　学习的过程

掌握正确的学习方法，可以让学习的效率得到提升，可以让学习的效果更好。错误的学习方法只会造成事倍功半的结果。比如，一天学习 12 小时的效果不如一天学习一小时并连续学习 12 天的效果好。

与应对考试的学习不同，在进入社会后我们不需要背诵全文，最重要的是理解其中最关键的内容。为什么 10 岁的小孩能够让 800 斤的牛乖乖地跟着他走？因为他抓住了关键部分——牛鼻子。

如何抓住关键部分？在这里我介绍两种学习方法，让我们更有效地获取知识。

1）杠杆阅读术

在离开校园后，我们并没有充足的、连续的时间能够用在学习上，白天我们在工作，晚上回家后也会被家庭琐事所累。没时间成为许多人学习路上的拦路虎。

阅读是学习的基础，提高阅读能力是每个人的终生任务。而且，只有坚持阅读，阅读能力才会提高，否则阅读能力就会自动下降。提高阅读能力的关键在于坚持进行有效阅读，尽量记住所读内容，并把读到的内容与已有的知识和经验联系起来。

事实上，许多书并不需要从头到尾全文阅读，除去序言、论据等信息，真正需要我们掌握的知识点，可能只占全书内容的 20%。比如，在经济管理类书籍中，每一章都围绕一个重点展开，要读懂一本书，只需要把每一章的重点掌握即可。

在这 20% 的重点内容中，还有最为关键的 1%，这 1% 就是一本书的精华所在，将其弄懂、弄通，则相当于将这本书“啃”了下来。

那么，我们怎样才能找到一本书的精华呢？我认为，这需要从书的主题出发，明确作者想传达什么样的思想观念，然后重点阅读这部分内容。

当然，这并不是说其他部分的内容我们就直接略过。为了方便理解重点内容，其他部分的内容我们也要看，只不过可以不用去精读。

2）思维导图法

对于内容较为复杂的知识点，我们可以采用思维导图的方式来厘清思路，高效学习。

什么是思维导图？思维导图是一种图像式思维方法，它的作用是让知识点变成图像式的表达，让我们更快地将复杂的信息整理成系统化的知识点。图 6-2 所示为典型的思维导图。

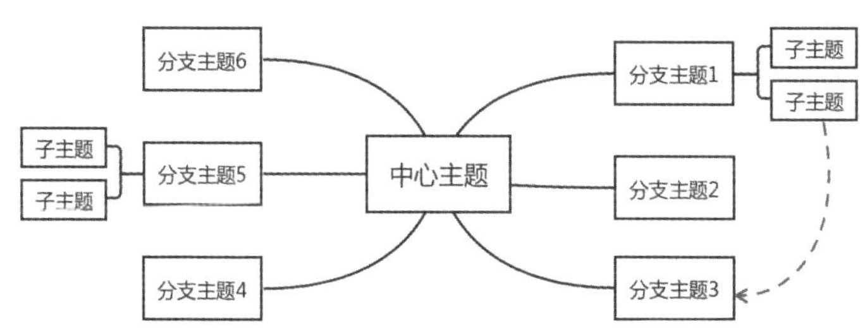

图 6-2　典型的思维导图

思维导图的典型画法是先确定中心主题，然后将每一个分支主题用线与中心主题连接起来，在分支主题下，还有子主题，用更小的字号写出来。通过这样的层层分级，我们的思维导图就会清晰、明了。

在实际应用中，思维导图的表现形式多种多样，画法可以根据实际需求自己选择，只要能够达到相应的目的即可。

此外，不要迷信所谓的“快速学习法”和“超级学习法”，我们应该根据自己的实际情况，总结出一套适合自己的学习方法。

3. 学习效率：专注才能提效

为了高效地学习，相信一定有人囫囵吞枣似的在很短的时间内看好几本书，学好几个技能。有段时间，我非常苦恼自己在与人交流时，不能和人游刃有余地聊所有话题，于是我买了很多书，希望能够打开自己的格局，增进自己的见识。在那段时间里，我努力地看这些书，有时甚至同时摊开两本书看，我觉得自己很厉害，白天工作，晚上看书，很有成就感。

后来我的姐姐看到我这样做，向我建议道："你在这样短的时间内看这么多书，看似读完了很多书，但其实效率不高，效果也不好。"在听完她的话后，我反思了一下这段时间的读书效果，发现我连很多书的书名都想不起来了，更别说书中所讲的内容了。

人做所有事情都是一样的，唯有专注，将自己的思维完全沉浸进去，才能获得好的结果。比如，有一次我在给学员讲课时，完全投入其中，甚至忘记了时间，后来学员普遍反馈那节课收获很大。所以，专注才能提升学习效率和效果。

怎样让自己专注学习呢？除了从心理上要求自己投入，我们还可以从学习环境、心情等因素出发。比如，打造一个安静的环境，在学习时将手机锁到抽屉里；保持心情舒适愉快，不要在情绪剧烈起伏时学习；在学完一些知识后，要求自己进行复盘等。

4. 创新思维：用新的视角观察问题

我们要善于用新的视角观察问题，用创新的思维分析学习中的各种复杂现象和矛盾。创新思维可以让我们展开想象力的翅膀，可以帮助我们克服思维定式的消极影响，让思维多向发散。如果一个人不具备创新思维，不会进行独立思考，那么，这个人只能成为学习的奴隶。我们在工作和生活中，要大胆地运用逆向思维，遇事要从多个角度思考问题，敢于怀疑和否定，只有这样，我们才能培养出创新思维。

虽然学习的过程会很辛苦，但是一旦养成了坚持学习的好习惯，我们将受益无穷。学习是一件令我们终身受益的事，每一个人都要坚持学习，用才能和学识来为自己增添魅力。

6.2 打造全方位品牌生态圈，创造复利价值

爱因斯坦曾经说过：“时间和复利，是世界上第八大奇迹。”在了解什么是复利前，我们可以先看一组公式：

1.01365=37.8

0.99365=0.03

这两个公式如何解读呢？其实很简单，如果一个人每天都能进步 1%，一年后他的能力将提升近 38 倍；相反，如果他每天退步 1%，一年后他的所有能力几乎消失殆尽。

复利是相对于单利而言的，俗称“利滚利”，也就是数值不是单倍增长的，而是按照几何倍数增长的。就像每天进步 1%，第二天便在“1+1%”的基础上再进步 1%，一年之后，结果约是初始数字的 38 倍。

那么，如何在打造个人品牌时创造复利价值，让我们个人品牌的影响力以几何倍数增长的方式扩大呢？

我们可以从三个方面出发：一是规划个人品牌矩阵体系，扩大用户范围；二是寻找优质合伙人，共同助力个人品牌打造；三是组建团队，实现个人品牌进阶。

6.2.1 规划个人品牌矩阵体系，扩大用户范围

什么是个人品牌矩阵体系？我们先看看作家李筱懿的个人品牌矩阵体系，如图 6-3 所示。

2010 年，作家李筱懿在互联网上首次发表散文《张幼仪：坏婚姻是所好学校》，在文章中，她发表自己对婚姻的见解和看法，引发了很多已婚女性的共鸣，反响巨大；随后她出版了女性励志散文集《灵魂有香气的女子》，此散文集一经推出，当年销量就超过了 300 万册，一举斩获“当当年中新书榜”冠军；2015 年 7 月，李筱懿成立公司，为 30 岁以上的女性用户提供优质内容，在图书出版、自媒体、知识付费、短视频、访谈节目等领域都有不同形式的作品；在短视频火了以后，李筱懿又进军短视频领域，打造出一系列短视频账号。到目前为止，李筱懿已经打造出线上、线下多方面的个人品牌矩阵体系。

虽然作家李筱懿在各个网络媒体上有很多账号，还打造了各种线下栏目，但我们可以发现，她的所有账号、栏目、作品都将目标用户精准定位为 30 岁以上的女性，输出的内容也十分统一，共同帮助李筱懿这个个人品牌打开局面。

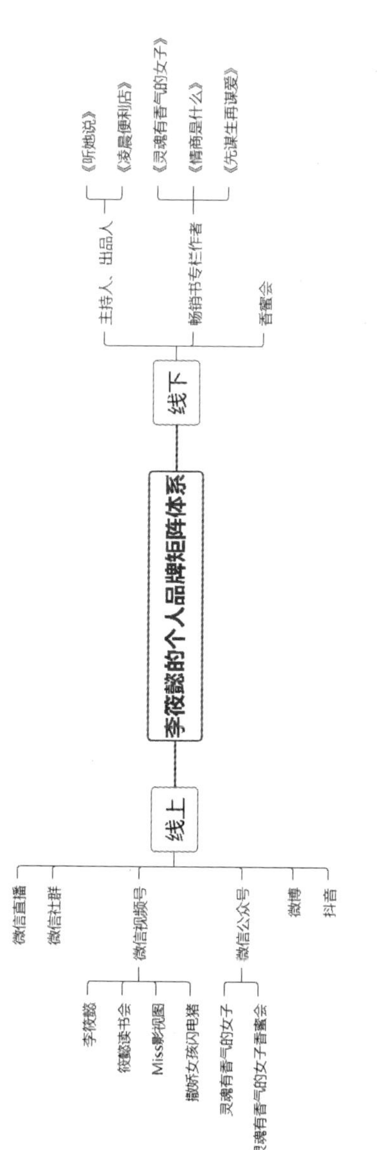

图 6-3　作家李筱懿的个人品牌矩阵体系

由此我们可知，打造个人品牌矩阵体系是指将多个平台有机地组合在一起，以自身个人品牌的核心特质为基础，围绕同一领域的创作内容，打通多个平台的宣传通道，为个人品牌进行宣传、营销。

那么，打造个人品牌矩阵体系有什么好处呢？这可以从个人品牌矩阵体系的三大效应说起。

首先，个人品牌矩阵体系能形成多元效应。不同的平台有不同的特点，也有不同的竞争对手，但总有特定的用户群体。比如，有些人偏好抖音，有些人偏好快手，但在抖音和快手上，都有 30 岁以上的女性用户。打造个人品牌矩阵体系，能让我们在不同平台拥有具有一样的特性的用户。

其次，个人品牌矩阵体系能形成放大效应。在打造个人品牌并输出内容时，个人品牌矩阵体系能够通过线上、线下的不同账号、不同宣传渠道，将我们想传递给用户的核心概念放大，加强其在用户心中留下的印象，同时扩大我们的名气。

最后，个人品牌矩阵体系能形成协同效应。多个账号和宣传渠道有序组合，相互串联，并不是杂乱无章地随意发布内容，这种团结协作的状态就是协同效应。如此一来，我们的个人品牌能够从多个方向引流，并且各个账号、宣传渠道之间还可以互助、互推。

看到这里可能有人会问，是不是只有名气比较大的人才能打造个人品牌矩阵体系？普通人没有那么多账号和宣传渠道，是否就不能打造个人品牌矩阵体系？

其实不然。只要是能帮助我们的个人品牌进行宣传、营销的平台或渠道，都可以成为我们打造个人品牌矩阵体系的选择。比如，我在朋友圈发布我写的新书，能在我的朋友心中留下印象；微博、视频号、简书等渠道，都是我发布文章的重要阵地；在线下，我在团队中树立自己的形象，也是在传播自己的个人品牌。

所以，个人品牌矩阵体系并不需要有多大，只要能在我们力所能及的范围内，将所有的资源有机组合起来，让个人品牌的价值最大化即可。

6.2.2 寻找优质合伙人，共同助力个人品牌打造

在聆听企业的创业史时，我们常常会听到这样的话：一个优质的合伙人，远胜于对商业模式和行业的选择。合伙人模式是一种高级的裂变模式。在打造个人品牌时找到合适的合伙人，能让我们的个人品牌传播事半功倍，达到“1+1>2”的效果。

在我们的个人品牌运营还未发展到要成立公司、组建团队的阶段时，寻找合适的合伙人是最佳选择。

我有一个朋友叫阿玲，她在一家房地产公司做专职文案，几年下来，她掌握了一套销售型文案写作秘诀，成为当地房地产行业文案写作的佼佼者。但她并不满足于只在房地产领域写文案，她希望能在更大的舞台上发光发热。后来她找到一位能力很强的推销员，两人利用业余时间，一个到处跑市场，承接文案写作业务，一个专职写文案，把业务做成。在两个人合伙之后，阿玲自身的文案写作品牌进一步扩大，成功从房地产圈突破到其他圈层。

由此可见，每一个普通的个人品牌打造者，都可以寻找合伙人，让自己的个人品牌更上一层楼。在寻找合伙人时，我们可以按照以下四个步骤进行。

1. 介绍自身的个人品牌：我有什么

这一步是让合伙人看到并选择我们的第一步，合作能不能达成，这一步很关键。在介绍自身的个人品牌时，我们要展现出自身的实力，让他人看到我们的价值所在。

比如，阿玲在介绍自身的个人品牌时，可以这样说："我叫阿玲，是一名专业的文案写作者，曾经撰写过 ××× 文案，获得过 ××× 奖项……"拥有过硬的专业实力，是吸引合伙人的重要前提，在介绍自身的个人品牌时，要着重强调这一点。

2. 建立合作连接点：我需要什么 + 你有什么

第二步是我们与合伙人建立合作连接点，我们要阐明"我需要什么"，合伙人要阐明"他有什么"。这是合作达成的基础，我们所需要的东西与合伙人能够提供的东西相契合，合作才有往下进行的可能。如果我们需要的和对方能提供的不匹配，那么合作就无法开展。需要强调的一点是，如果我们判断候选合伙人无法提供我们想要的价值，那么也无须为了人情或其他因素，勉强与他们合伙，这对双方而言都是不利的。

比如，阿玲对洽谈市场业务不熟悉，她找的合伙人在这个领域比较得心应手，双方才能一拍即合，组成"命运共同体"。合伙人谈不成业务，双方的工作都无法开展；阿玲不能提供好的文案，客户不满意，合作也无法继续。

3. 明确合作条件：我能够带来什么样的收益

合作的目的是双方都能获益。我们在寻找合伙人时，如果不将自己能够带来的收益明确地告知对方，对方心里就会存疑，影响两人之间的关系和业务的正常开展。

阿玲在寻找合伙人之初，就向其承诺两人承接业务产生的效益在刨开成本后五五分账。这无疑增强了合伙人的信心，也将充分调动他努力承接业务的积极性。当然，并不是所有的合作都要五五分账，我们只要在力所能及的情况下，给予合伙人最大的利益即可。

在面对合伙人时，我们千万不要忌讳谈亏损。因为企业的亏损是由我们和合伙人共同承担的，而且亏损会直接影响合伙人的个人利益。如果双方不事先说好，就有可能引发矛盾。我们与合伙人之间不仅要约定好利益分配方式，还要约定好亏损和风险的分配方式，把“丑话”说在前头，可以有效避免后期的分歧和矛盾。

4. 签订合伙协议：给双方提供保障

《中华人民共和国合伙企业法》第四条规定：“合伙协议依法由全体合伙人协商一致，以书面形式订立。”所以，我们在与合伙人共同创办企业时，必须按照法律规定签订合伙协议。合伙协议是确定合伙人之间权利、责任和利益的依据，也是解决日后纠纷的重要依据。合伙协议的关键内容包括：出资比例、入伙和退伙条件、债务负担等。

此外，在选择合伙人时，我们还需要注意合伙人的价值观是否与我们一致。“道不同不相为谋”，价值观不同的人不可能长期合作，也不可能有共同的目标。所谓价值观，就是我们打造和维系个人品牌的思维方式、对所从事的事业的认同感，以及团队今后发展的方向和目标。

个人品牌就是影响力，影响力就是生产力。如果我们想把自己的个人品牌做大做强，使其爆发出惊人的力量，成就更大的事业版图，就需要好好地运用合伙人模式。

6.2.3　组建团队，实现个人品牌进阶

虽然我们说每个人都需要打造个人品牌，每个人都能够打造个人品牌，但一个人的力量是有限的。如果我们认为自己的个人品牌只需要在小圈子里打造，那么我们一个人足矣。如果我们想要自己的个人品牌突破现有圈层，创造更大的价值，就需要组建团队，实现个人品牌专业化运营。

从另一个角度来看，我们的个人品牌发展到一定程度，有越来越多的工作需要我们去做，而只依靠个人的力量是做不过来的。比如，一位作家最初只是在写书，在书出版后，他自己在朋友圈、公众号里推广。结果这本书一下子成为爆品，一时间，电视媒体、网络媒体等纷纷上门采访他，许多出版社要与他签约下

一本书，甚至有一些商家找他代言产品。这时如果他只依靠个人的力量，能够完成这么多工作吗？很难。所以这位作家需要组建一个团队，帮助自己完成工作，运营个人品牌。

从更长远的角度思考，这位作家在出版领域已经占据了一片天地，他希望进军商业领域或者影视领域，打造出更加多元的个人标签。这时，一个小小的团队也不能满足他的需求，他需要创办一家企业，来运营自己的个人品牌，或者将这家企业的品牌推广出去。

换言之，个人品牌是有成长路径的，即个人品牌在发展到一定阶段后会发展成团队品牌，团队品牌在发展到一定阶段后，就成为企业品牌，如图 6-4 所示。

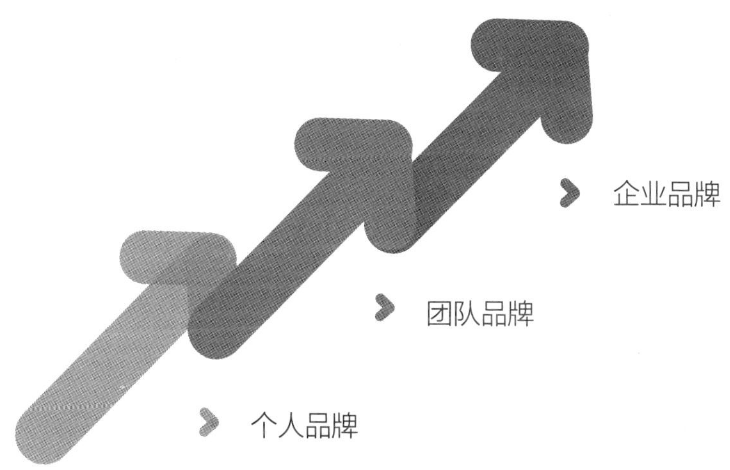

图 6-4　个人品牌的成长路径

罗振宇的个人品牌发展完全遵循了这条成长路径，早期他依靠在优酷做视频栏目和每天 60 秒语音的公众号，建立了属于自己的个人品牌，树立了“知识渊博的罗胖”的形象；紧接着，他开始招募社群会员，组建团队，打造出“罗辑思维”这个团队品牌；在团队品牌发展到一定阶段后，他创办了“得到”App，打造出企业品牌。

由此可见，在个人品牌打造初见成效后，我们就应当思考如何组建团队。

那么，一个小型的个人品牌团队需要哪些人呢？我们又应该从哪里找到这些人呢？接下来我将为大家一一解答。

1. 个人品牌团队的成员构成

个人品牌打造分为四步：个人定位、输出内容、扩大传播、转化流量。事实上，个人品牌成长的过程，就是不断重复除个人定位外的三个步骤的过程，也就是不断输出内容、扩大传播、转化流量的过程。

与这三个步骤对应，我们的个人品牌团队至少需要一个做内容的人和一个做运营的人，如果不够，还可以根据自身情况，增加财务人员、商务对接人员等，或者增加内容人员、运营人员的人数。

其实，还有一个人是必须有的，就是我们自己。我们自己是打造个人品牌的产物，在传统商业模式中，可以称为产品。也就是说，我们自己属于产品人员。

产品人员、内容人员和运营人员，共同构成了个人品牌团队的“铁三角”，如图 6-5 所示。

图 6-5　个人品牌团队的“铁三角”

内容人员主要负责输出原创内容，如撰写文案、制作海报等；运营人员主要负责个人品牌传播、变现的相关事务，如在各个平台上做宣传、做社群维护运营等；产品人员主要负责对市场和用户进行深度调研和内在洞察，维护自身形象，加强个人标签在用户心中的印象。三者各司其职又紧密相连，共同搭建出一个稳固的“铁三角”。

值得注意的是，在打造团队后，并不是说我们自己就解放出来了，我们依然是团队中最核心的部分。同时，团队的组建是为了提升整体工作效率，创造更大的价值，所以我们应该把每个岗位的工作标准化、流程化，让团队成员按照要求高效工作，以免造成团队分工不明、工作混乱等情况。

2. 个人品牌团队成员招募三大原则

在明确个人品牌团队的成员构成后，具体应该如何招募团队成员呢？这是一件非常专业，也很烦琐的事情，在此我不展开说明，但在多年的招聘经历中，我总结了三个原则需要告诉大家。

一是要明确自己要招什么样的人。我们可以画出团队成员的胜任力画像，将团队成员需要的知识技能、个性、特质、角色定位等一一标明，按照具体的要求去招聘。如果我们的招聘要求不明确、不清晰，那么招聘的人很可能看起来能够胜任工作，在实际工作中却并不能胜任。

我就曾进入这样的误区，在最开始招聘团队成员时，我只注明了要招聘运营人员，并没有做出其他具体要求。后来运营人员招了很多，但几乎都只做了两三个月便离职了。因为他们往往只会做自媒体运营，对个人品牌运营一窍不通，也不愿意学习，始终不能达到我的要求。

二是招聘不能急于求成。当我们急需团队成员帮助我们分担工作压力时，往往会失去理性判断，为了招到人而招人，失去了为招到一个优质员工而招人的初心。哪怕我们再缺帮手，也不能“病急乱投医”。同时，在团队中，成员的去留问题是常态问题，我们不应该因为一个人的离开就怀疑自己。

三是招人不能随便。当我们拥有了一定影响力时，就会有人喜欢和崇拜我们。因为认同我们，有些喜欢我们的人甚至愿意免费为我们工作。这看起来是一件好事，但实际上却不利于我们长期发展，因为这些人过于认同我们，便会失去一定的理性思考能力，容易在工作中夹杂着私人感情，我们应当招聘态度相对客观的团队成员。

6.2.4 链接社群，创造更大的传播空间

一篇名为《瑞幸咖啡的私域自救》的文章曾经刷了屏，那一阵，瑞幸咖啡身上最显眼的标签还是财政造假的问题，几乎所有人都以为在那则新闻之后，瑞幸咖啡就会慢慢地黯然退场，成为大家的记忆。可出乎众人意料的是，瑞幸咖啡不仅没离开片刻，还带着一张耀眼的成绩单重新回到了众人日常生活的中心。

瑞幸咖啡手握 180 万个私域消费者，每天光依靠群提醒就能促单 10 万杯，以 App 及小程序下单为主的私域订单在数量上远超第三方外送平台的订单，而实现这些，瑞幸咖啡仅仅耗时 3 个月。在这段时间内，瑞幸咖啡发现，在消费者加群后，月消费频次有明显提升，周复购人数也有积极的变化，前者提升了 30%，后者提升了 28%。

从这些现象与数据不难看出，瑞幸咖啡自救成功的秘诀便是“私域 + 社群”的传播招式。这一招式让许多瞄准了同一赛道的企业极为震惊——为什么我们做着相似的工作，却连对方一半的成绩都达不到？

在流量红利逐渐变得力不从心，获客成本越来越高，用户愈加难转化、流失快的当下，如何挽留“老用户”，成为许多人在打造个人品牌时尤为重视的问题。事实上，这一问题的关键点在于“口碑”。

口碑虽然与个人品牌本身的内容质量有关，但它又不完全由个人品牌的内容质量决定。很多时候，我们与用户之间的关系才是影响口碑的重要因素。因此，传播的破局之道在于我们与用户

构建共同体关系，而社群传播能够构建我们与用户之间的信任关系。同样的个人品牌，当我们与用户之间是粉丝关系时，它的口碑会攀升，若我们与用户之间仅仅是交易关系，它的口碑则不会太理想。

此时，社群的作用便显而易见了：社群通过传播个人品牌的相关内容，如活动、机制等，先将普通用户吸收、转化为会员，然后再将这些会员一步步转化为粉丝，甚至铁粉。

如果仔细想想，我们不难发现，自己的生活其实已经被社群包围。无论是在上班场合，还是在业余场合，我们都离各种各样的社群不远。准确来说，社群已经渗入我们日常生活中的方方面面，我们每个人都能在手机上翻到它们，发现自己已经是许多社群中的一员。

在这些模式不同、初衷不同的社群内部，我们正扮演着不同的角色。以我自己为例，在小红书的课程群内，我是主导者；在好友群及家族群内，我是协作者；在同学群内，我又成为最低调的旁观者。这种不同场景中人物属性的变化，正是社群关系为我们在“去中心化”，我们每一个人都不是真正的中心，可又都可以成为真正的中心。

1. 社群传播与传统传播方式的区别

社群传播之于传统传播方式究竟有哪些非同寻常之处呢？根据以往的观察与总结，我认为社群传播主要从以下两个方面改变了我们。

一是**传播思维的转变**。之前，传统传播模式是先根据市场经验确定具体的个人品牌方案，然后根据方案实际执行，再参考用户的反馈做出即时的调整；如今，当我们与目标用户在同一个社群内时，沟通成本与环节顺序显然发生了质的改变。

我们在个人品牌方案的制定阶段，能随时与用户进行沟通、互动，根据用户建议与对方共同设计出最贴合目标用户喜好的个人品牌，并且以目标用户最能接受的方式进行进一步的传播。如果我们的个人品牌涉及产品相关内容，社群内的用户甚至可以加入产品的开发过程。当产品被出售时，用户可以直接在社群内下单，整个环节都会与社群高度捆绑。

二是**沟通模式的改变**。常见的沟通模式主要有面对面交流、电话、命令、文件、会议等。我们因为生活和工作的不同需求而进入了不同的社群。此时，个人品牌传播过程中双方的沟通模式自然也随之发生了变化，原来的远距离传播模式不再适用，注重近距离交互的沟通模式逐渐找到了合适的发展时机。

在沟通模式改变之后，我们会发现，这种近距离的交互沟通模式与远距离传播模式相比，最大的区别就在于前者是双向且更加私人化的沟通模式，后者是相对较为生硬的单向传播模式——由于是单向的传播，甚至都不存在“沟通”的属性。

事实上，沟通也是社群传播的本质。社群传播的沟通模式高度依赖手机端，如今越来越多的人也的确更加接受与适应基于手机端的沟通。通过社群建立的个人品牌传播途径，显然是“众望所归”的结果。

我们想要建立自己的社群并不难，无论是在个人品牌相关的内容页面添加社群二维码，还是利用亲朋或者同好者进行“从 1 到 N”的裂变式扩散，只要我们足够主动、积极，大大小小社群的建立在许多时候往往只是时间问题。

2. 社群传播的难点及原因

在社群传播的过程中，最大的难点其实在于管理。许多人只是简单地将社群传播理解为将目标用户与潜在目标用户拉到同一个群内，然后及时在群内向大家发送消息。但这样操作的最终结果往往是我们收获了一个毫无生气的“僵尸群”，除了机械式的消息推送，社群内几乎没有更多的交流与沟通，许多原本在加入社群后兴致盎然的用户，也因为这种尴尬的氛围而选择屏蔽社群，甚至直接退群。

究竟是什么原因造成了这种结果呢？据我观察、归纳，造成这种现象的原因主要有四点。

首先是**社群自身的定位不清晰**。如果我们在搭建社群之前没有明确建立社群的目的，那么社群在建立后的发展走向将脱离我们的掌控。这就像深夜在有大雾的海平面上望不见灯塔的轮船，舵手只能误打误撞，没有办法明确前进的方向，最终很大概率将面临沉船的绝境。

其次是**没有深入挖掘社群内用户的共同需求点**。这一点也是许多人在自省时很难注意到的一点，这是因为我们下意识地认定，能被拉进一个群内的人都有相同的需求，既然有同样的需求，那就不用担心我们的内容不吸引对方。可事实上用户进入同一个社群的原因往往都不够具体，许多人由于一个相对笼统的诱因进入了社群，是希望能寻找到更精准、更贴合自身需求的点，这是我们需要提前做好的准备。比如，同样是电影社群，有的社群找到的共同需求点是电影点评、剧情讨论，有的社群找到的共同需求点是包场活动、首映观影活动。如果这个点被忽视，仅仅以“电影”这样宏观的元素作为社群重心，用户的流失就是板上钉钉的事。

再次是**社群活跃度难持久，难再次激活**。在大多数情况下，社群的活跃度与其搭建时间成反比，从最开始的热闹火爆，逐渐走向沉寂状态。许多人希望能在社群活跃度降低后再次激活它，可根据我的经验，这一点很难做到。在社群内的用户一一选择沉默潜水后，大家便逐渐成为陌生人，那种刚进入新环境想要与他人建立联系的热情早已消失殆尽，此时再次激活社群活跃度无异于“天方夜谭”。因此，规避这一点的重点其实是尽量从一开始就维持好社群的活跃度，让社群内的氛围进入良性循环，时刻刺激用户产生新的思考与讨论，并对社群保持期待。

最后是**社群转化率低，价值无延伸**。个人品牌进行社群传播的最终目的一定是让相关产品与用户都有转化，让社群价值无限延伸并具有可复制性。如果我们管理着一个活跃度一直不错的社群，但当我们向所有用户传递一个需要他们配合、参与的内容，回应我们的只有沉默与无视时，社群的价值就会被画上一个问号。

3. 如何精细化地管理社群

面对上述痛点，我们应该怎么精细化地管理社群呢？我根据自己的经验，总结了个人品牌传播社群管理五步骤，以供大家参考。

1）认知：精细化梳理用户标签

精细化梳理用户标签是为了帮助我们更好地认识、了解目标用户，明白用户的深层需求，准确推测用户的潜在需求，解决关于社群内用户的共同需求点的痛点问题。

虽然随着现代技术的发展，在许多场合下，用户画像都依赖大数据的演算，可是在社群里，精准的用户画像一定是我们通过与用户直接沟通得到的，这是任何大数据都无法为我们提供的最有价值的内容。也就是说，社群管理一定要建立在人性化运营的基础之上，它也是决定社群管理上线的关键环节。

2）输出：生命周期长、吸引力强的内容

社群内的各种内容分享，应该尽可能地避免使用模式化、常规化的分享方式。内容本身虽然是为社群内用户创造惊喜的基石之一，但如何分享、在什么时候分享，同样也是能为用户创造新鲜感与惊喜的因素，能有效提升内容对用户的吸引力，不容忽视。

这些新鲜感、惊喜，以及对用户留存的期待感，将会影响到个人品牌内容的生命周期。一成不变如课表一般的安排，即便内

容本身再精彩，也很容易让作为接收者的用户感到倦怠。

关于相关内容的质量问题，想必不用我再发表长篇大论了——内容质量永远是排在第一位的核心点。

3）交互：深耕垂直细分领域

我们在对社群进行管理的时候，不能只停留在大层面的"自嗨"，应该将视线落在垂直细分领域。越垂直化的内容传播，越能黏住深圈层的用户，同时也能将用户黏得越久。

如果我们社群内的交互仅仅像蜻蜓点水一样浅尝辄止，对许多高价值的深层用户而言，我们的社群就是无意义的。

4）裂变：小程序式碎片化应用

在信息如此繁杂的信息化时代，我们不能奢求总能幸运地占据用户的大段时间，此时，如何把握住用户闲散的碎片化时间才是抓住用户注意力的关键。因此，我们需要实现"耗时短"。

我们个人品牌的相关内容显然有在多种平台上展示的可能性，除非所有的内容都必须让用户打开对应的 App 才能浏览、关注，否则他们便只能面对"从浏览器打开"的麻烦操作，那么我们将在无形中失去很多的关注与分享。可如果我们把所有操作都集中在小程序的形式中，用户不需要额外的操作，只需要点进小程序就能完整浏览所有信息，那么我们就能更轻松、快速地实现内容分享的裂变。

所以，我们应该做好个人品牌内容与小程序之间的连接，为用户助力内容裂变创造条件。

5）转化：持续占领用户心智

社群最大的优势之一就是便于“转化”，在社群里，我们能更方便地潜移默化地占领用户心智，并且形成持续性的影响力。在社群环境中，从众行为的发生率会有很大的提升，从众行为也就是我们常说的“跟风”。

在 E.S. 刘易斯提出的消费者行为学理论模型 AIDMA[①] 中，消费者（用户）从接触到信息到最后达成购买，往往会经历五个阶段：引起注意、产生兴趣、唤起欲望、留下记忆、购买行动。随着社会的发展，冲动式消费在人群中越来越少见，更多的用户习惯先“观望”。其实，用户对话题、内容等元素的接触也同样会经历类似的五个阶段。大家越来越少在接收到信息的第一时间下结论，总会再多思考、观察一番，看看不同的观点，可能会有反转。

在社群中，当有用户发表了感想与看法时，接二连三的讨论往往便这样被开启了。社群中的这种沟通氛围，其实就是在反复向用户展示并强调个人品牌内容的亮点。多次、多人的重复提及，将会使个人品牌内容的亮点在用户心智中渐渐扎根，带领用户进入转化步骤，最终帮助我们占领用户心智。

---

① AIDMA：消费者行为学领域很成熟的理论模型之一，由美国广告学家 E.S. 刘易斯在 1898 年提出。该理论认为，消费者从接触到信息到最后达成购买会经历五个阶段：Attention（引起注意）；Interest（产生兴趣）；Desire（唤起欲望）；Memory（留下记忆）；Action（购买行动）。

6.3 专注垂直领域，坚守长期主义

任何事情的成功都非一朝一夕的事，不专注、不坚持，我们的个人品牌将无法长久。要想延长个人品牌的生命周期，我们需要专注于垂直领域，并且坚守长期主义。

6.3.1 聚焦垂直领域，少就是多

在互联网出现之前，人们只能通过阅读书籍或口耳相传获取信息和知识，并且读书的门槛较高，并不是每个人都有机会读书，因此读书人格外受到人们的推崇。

放眼当下，在移动互联网兴起后，人们可以轻易获取大量的碎片化知识，当遇到不懂的问题时，直接在网络上搜索一下，就能知道答案。甚至有些不会的技能，人们也能跟着网络视频、网络课程学习。此时，人们不再以读书为傲，反而开始“返璞归真”，希望能够成为在某个方面创造出极致成就的“匠人”。

匠人在某个领域内具有很高的成就，通常在这个领域内深耕多年，他们本身就是该领域的专家，制作出来的产品具有品质保障，深受人们欢迎。

打造个人品牌同样如此。我曾见过许多个人品牌打造者，他们并不坚持一种风格，甚至经常更换入驻领域，哪里有所谓的“风口”，他们就往哪里钻。比如，程序员小李是从名牌大学计算机系毕业的，在毕业后就进入了互联网大厂，他的微信昵称就叫“程序员小李”。后来在直播电商兴起后，他看到其中有利可图，

便辞职创业，与朋友创办了一家专门进行直播带货的公司。依靠自身的聪明才智和时代风口的红利，他很快赚到了钱，此时他将自己的微信昵称改为“直播电商达人小李”。然而他不满足于此，一看到直播市场萎缩，又开始寻找下一个风口……

从我认识他到现在短短五年，他已经更换了数十份工作，进入了多个行业，但最终都遗憾退场。每一次我都不禁想劝他，如果你在某个领域内再坚持一下，再深入挖掘一下别人没有的东西，或许会有别样的收获，但每次他都踌躇满志地想要进军下一个领域，我只好作罢。

互联网缩小了人与人之间的认知差距，一些表面的、浅显的知识已经不能满足人们的求知欲，人们迫切地希望获取更深层次的内容，希望探索事物最本质的规律。如果我们做任何事情都只是浅尝辄止，“东一榔头，西一棒槌”，那么我们可能永远都不能触及最深层次的东西。

就像人们挖井一样，当挖到 30 米深时井里才会涌出水来，可总有人只挖 10 米、20 米，就判定这个地方没有水，于是换位置重新挖。最终挖了几个坑，一个都没有出水，还吐槽这一片没有水。换一个地方从头再来能够成功的概率，远远低于在一个地方持续深挖的成功概率。

与小李不同，还有一些人在打造个人品牌时追求数量上的“多”。他们并没有放弃自己本身的特长，而是追求多方面发展，成为所谓的“斜杠青年”。我曾经接待过一位用户，她的本职工作是设计师，自己创办了一家小型工作室。但她并不满足于只做设计师，她喜欢摄影、绘画、旅游，并且希望将这些爱好也做成事业。她给自己设计了许多标签，每次在向人介绍自己时，总会把这些标签说个遍。然而事与愿违，在一段时间后，她发现自己不仅没能在其他领域内拥有名气，反而连本身设计师的业务也减少了。带着疑问她询问了之前的老客户，老客户回答她："你还在做设计师吗？我看你在朋友圈每天发的都是摄影、绘画作品，我以为你转行了呀！"

每年果农们都会给果树剪枝，目的就是减去多余的枝干，留下那些壮硕的、健康的枝干，从而结出更大、更甜的果子。这是自然规律，事实上，人也同样需要"剪枝"，人的精力和时间是有限的，想要尝试的东西越多，我们的精力就越分散，越难在特定领域内打造出响亮的个人品牌。

《后汉书》中有一句话，我愿与所有人共勉，即"盖以为天地之功不可仓卒，艰难之业当累日月"。只有在垂直细分领域坚持不懈地深耕，我们打造的个人品牌才能具有核心竞争力与持久生命力。

6.3.2　持续高产地输出价值

内容创作是一个持续性输出的过程，同时也是一件有乐趣、有价值、有意义的事情。但真正能将这件事情做好并持之以恒做下去的人并不多。究其原因，还是人们认知不到位，缺乏长期思维，只着眼于当下，而看不到未来五年、十年后的样子。

相信大部分人在内容创作的过程中都遇到过以下问题：

满怀激情地开始创作，幻想自己文思泉涌，下笔如飞，坐在电脑前却灵感枯竭，一个字也写不出来；

呕心沥血、挑灯夜战，耗费了大量的时间和精力，创作出来的内容却不尽如人意，无人问津；

持续创作了一段时间，效果却并不好，没有得到人们的关注，热情被消磨殆尽，之前制订的计划不了了之……

理想很丰满，现实很骨感。数年如一日地坚持内容创作绝非易事，而想要持续输出高质量的内容，依靠内容创作来打造和提升个人品牌更是难上加难。但这并不意味着我们要放弃，而是意味着我们要更加努力。坚持做难而正确的事，即便坚持做的过程会很艰难，但坚持到最后，余下的路可能会越来越宽广，越来越开阔。

对于内容创作者如何持续高质量地输出内容，我想用以下三个关键词来详细阐述。

1. 敏锐

每一位坚持输出高质量内容的内容创作者，身上一定具备了许多不同的特质，在这些特质当中，一定有一个共通的点——敏锐。优秀的个人品牌打造者和普通的个人品牌打造者，核心区别也在于此。敏锐的人对日常生活中的一草一木、一颦一笑，都保持着高度关注。

举一个简单的例子，发一条朋友圈，为什么有些人获赞多，有些人在发出去之后无人问津？这是因为有些人敏锐度高，能发现朋友圈好友喜欢的内容；而有些人敏锐度低，发布的内容无聊、无趣。

人们常说的“说者无意，听者有心”，实际上也是敏锐度的体现，是我们对社会、人生的理解、分析和洞察。可别小瞧了“敏锐”一词，因为它考验的是我们两方面的能力：一是抓热点、抓话题，从中找到创作的灵感与思路的能力；二是抢“头条”、抢“独家”，快速反应，趁热打铁，打造受人喜欢的作品的能力。所以，从本质上来说，这和记者抢“头条”的做法在实质上是一样的道理。

打个比方，一个“大事件”可能会引起大家的关注，但绝大多数人看看就过去了，在看完后内心不会产生太多感慨；稍好一点的个人品牌打造者有可能会挖掘到“大事件”背后的话题，但犹豫不决，待到洋洋洒洒几千字写完后下定决心发文时，要么是相关的文章已经在各大平台如雨后春笋般冒了出来，要么是该“大事件”已经被其他新的“大事件”替代，热度下降；优秀的个人品牌打造者不会犯这样的错误，敏锐的嗅觉能够让他们快速反应，抓住“大事件”背后的核心问题，抽丝剥茧，层层深入，透过现象看本质，创作出新颖、抓人眼球的作品，从而快速吸引用户，抢占“头条”。

如果我们觉得自己不够敏锐，不妨从现在开始，用细腻的眼光去观察生活，用敏锐的嗅觉去发现生活，捕捉身边美好的瞬间，做生活中的“有心人”。相信我们一定能从中挖掘到丰富多彩的内容创作素材，并持续高产地做好内容输出。

2. 积累

俗话说“聪明在于学习，天才在于积累”。很多人在进行内容创作时，不能持续高产地输出内容，并将这一切归咎于缺乏素材。事实上，处处留心皆学问，与其抱怨自己缺素材，倒不如说我们缺少的是对素材的积累与捕捉。

我们都知道，内容创作不是一蹴而就的事情，需要创作者不断地输入与输出，需要时间的沉淀，更需要知识、词汇、素材、事例、名人名言、金句、经验、技巧等方面的积累。可以说没有日常的积累，就没有真正意义上的内容创作。

除此之外，人生阅历与各类知识也需要不断地积累，正所谓“世事洞明皆学问，人情练达即文章”。世事和人情也需要观察、体验并长期积累，这些看似不起眼的生活琐碎，处处留心皆是学问。明白世事，掌握规律，懂得其背后所蕴含的道理，这桩桩件件既是经验，也是文章。

宋代文学家欧阳修在《归田录》中说：“余平生所作文章，多在三上，乃马上、枕上、厕上也。盖惟此尤可以属思尔。”欧阳修利用骑马、卧床小憩和上厕所的碎片化时间读书或打文章腹稿，不断积累，终成一代文坛宗师。

“九层之台，起于累土。”再大的成就，再高的学问，也是一点一滴地慢慢积累而成的，积累是内容创作的重要基础。我们唯有不断积累，把自己日常看到的、想到的、听到的、学到的、感悟到的知识点分门别类地记录下来，才能做好知识储备，建立自己的素材库。长此以往，当灵感枯竭的时候，不妨去素材库看看，一定会有所收获。

3. 坚持

放弃最颓废，坚持最可贵。想要持续高产地输出内容，坚持必不可少。内容创作本身就是一项持续的技能修炼，“三天打鱼，两天晒网”，注定难成大事。要知道，很多人从默默无闻到逐步建立自己的个人品牌，并在行业内站稳脚跟，靠的就是数十年如一日的坚持。

持续高产地输出内容是一件难以坚持又孤独的事情，我们要如何经受住外界的诱惑，耐住寂寞，从而坚持内容创作呢？不妨参考以下四种方法。

1）加入创作圈

如果你觉得一个人创作内容太过孤独，缺乏创作的激情与氛围，很难坚持，那么不妨加入一个内容创作的圈子，将一个人的狂欢变成一群人的狂欢。扩大自己的圈子，增加自己与这个世界接触的可能性，在与他人沟通交流的同时，共同成长进步。

2）增加信息量

接触的圈子多，所涉及的话题也多，这意味着我们获取的信息量也会越来越大。而此刻的你就像一个信息搬运工，通过各种方式将信息连接起来，构建出一张强大的信息网，从各个分支节点寻求突破，不断挖掘内容。

3）分解目标

给自己设定一个够得着的目标，或者将大目标分解成小目标，平均分配到每周、每天、每小时。当目标完成时，适时地给自己一个奖励，鼓励自己的坚持，保持持续的动力。

4）赋予意义

不再为自己的放纵找借口，坚持创作，给内容创作这件事赋予意义，找到内在的驱动力。于创作之中找到不一样的乐趣，从而让自己的坚持变得有意义，就如作家毕淑敏所说的那样："人生本没有什么意义，人生的意义便在于我们要努力赋予它的意义。"

长此以往，今天比昨天进步一点点，这就是最好的坚持。

后记

行文至此，本书已接近尾声。确切地说，本书不是写出来的，而是实践出来的，它是从过往多年我和成千上万个学员的人生成败中萃取出来的个人品牌打造基本法。

在打造个人品牌这条路上，我也是从“小白”一路摸爬滚打过来的，我深知这条路的艰难和辛苦。无奈无人带领，我只能“摸着石头过河”。老实说，我确实走了很多弯路，也曾深夜痛哭过。在一开始我并不知道怎样为自己做个人定位，所有的设想在真正实操时才发现根本行不通。好在我还算有些悟性，也十分勤奋努力，打造个人品牌也逐渐得心应手。

有些事情远比多赚一点钱重要，所以在我有了一定的经验和方法之后，我非常乐于将我所知道的这些经验和方法传授给更多的人，希望帮助他们切切实实地打造出属于自己的个人品牌。

一对一的传播毕竟有限，就在我苦恼如何让更多的人学习个人品牌打造法时，我想到了此前自己曾出版过《小红书运营实战一本通》一书。在这本书推出后，许多读者反馈从中受益匪浅。或许这次我也可以用同样的方式，将系统和直观的个人品牌打造法不受时间和地点限制地传播给更多人。

于是我开始筹划相关事宜，整理资料、搜集内容、联系出版社等，经过三个多月的时间，这本书终于有了雏形。虽然过程艰难，好在结果顺意。感谢给予我支持的所有人，也感谢坚持不懈的自己。

明天是由无数个今天造就的，未来是由现在决定的。因此，我们在放眼未来的同时，不妨着力于当下，做好眼前的每一件事，从而打造出个人品牌。

最后我还想忠告所有人，要将打造个人品牌这件事一直坚持做下去，可给我们带来极大的益处，或许我们的人生都会因此发生翻天覆地的变化。“量变引发质变”是事物发展和运行的客观规律，想要得到未来的质变，就要积累现在的每一次量变。

- 荣获“中国好书”“文津图书奖”等众多奖项，畅销 40 多万册万维钢经典之作，精装增补版。
- 汇聚跨学科、颠覆性的认知，打破固有思维，用科学方法分析社会问题，看清世界真正的运行规则。

- 万维钢用学者深邃的洞察力和科学作家的叙事才能，剖析进入 21 世纪 20 年代人工智能时代的世界观和方法论。
- 关于社会的规律、教育的秘密、历史的定律、未来的谜题，犀利独到的观点在本书中处处可见。

- 罗振宇跨年演讲重点推荐作品。“得到”App《万维钢·精英日课》专栏第二季精选。
- 了解真实世界需要勇气和智慧。本书用科学思维带你走出常识的误区，探寻真实世界的运行规律。

- “得到”App 超过 17 万用户订阅的《万维钢·精英日课》专栏第一季精选，集结了当前全球经济、社会、科技、哲学等领域的前沿思想。
- 不是所有人都有现代化思维，我们要用精英的眼光和思维方式去洞察、理解和改变这个世界。

- 当代经济学家所犯的错误，其实是对权力、群氓与利益的妥协，对无知、懦弱与贪婪的顺从。
- 40 多万人关注的《智本社经济学讲义》精华版。给普通人看的通俗经济学，有趣、有料又好懂。

- 本书对元宇宙的核心概念、技术基础、运作模式、产业应用、发展周期以及潜在问题等做了系统梳理和展望。
- 清华大学新闻学院沈阳教授团队倾力打造元宇宙浪潮航海图。了解和把握 Web3.0 时代人类生存新机遇，成为时代先行者。

- 全球保险界传奇人物、“保险教父”梅第的经典传记，生前正式授权出版。
- 连续 52 年 MDRT 会员，27 次 TOT 会员，13 次 COT 会员，数十年的销售冠军，梅第被全球保险界尊称为“永远的世界第一”。
- 你对销售的一切困惑，都可以在本书中找到答案。

- “扑克之星”菲尔·戈登的德州扑克经典著作，50 多个国家引进版权、12 种语言出版，全球畅销 50 多万册。
- 详细介绍德州扑克的基本原则、比赛策略，并引导你理解德州扑克中隐含的概率和数学及心理学等问题。

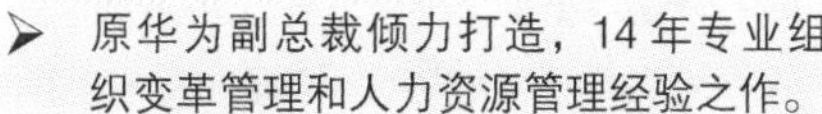

- ➢ 原华为副总裁倾力打造，14 年专业组织变革管理和人力资源管理经验之作。

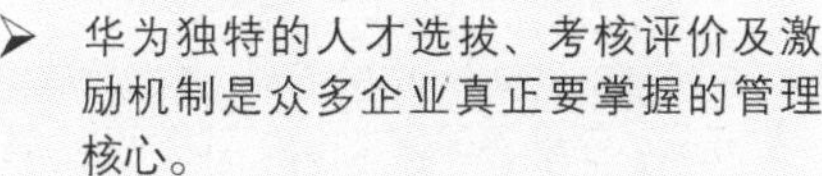

- ➢ 华为独特的人才选拔、考核评价及激励机制是众多企业真正要掌握的管理核心。

- ➢ 任正非的系统性思考，华为高效执行文化背后的关键措施和行动方案。
- ➢ 华为以成果为导向的执行密码，企业高效运转的驱动力解析。

- ➢ 华为前高管联合数位业内专家联合创作。本书旨在构建系统的企业文化建设和落地路径，对标微软、亚马逊、华为、阿里巴巴、字节跳动等国内外知名企业案例，深入梳理了企业文化建设方法，帮助企业经营者、企业文化建设管理者用对方法、学通案例、引导实践。

- ➢ 做好个人品牌，就是为了加速生意！用营销思维放大个人品牌，让人认识你、认可你、认准你！
- ➢ 资深营销人峰帅多年实战经验总结，蕴含 130W+ 个人品牌集训营课程精华。
- ➢ 全书分为四大模块，包含十个有效“放大器”，涵盖个人品牌经营中最为关键的痛点。

- 英国著名儿童心理学家经典之作，中文版稳居儿童心理类图书畅销榜。
- 详细介绍儿童心理学的最新发现和成果，回答了近年来家长、老师和社会都广泛关注的儿童成长方面的问题。
- 教你如何看懂孩子的行为，如何与孩子正确地相处。

- CCTV-1《挑战不可能》年度挑战王候选人、知名心理医生严虎博士多年积淀力作。
- 系统总结儿童绘画心理学的理论和研究成果，帮助父母通过绘画洞悉儿童心理世界，关注儿童心理发展，引导儿童健康成长。

- 财商的培养要从娃娃抓起，财商教育让孩子获得精英品质。金融学教授总结的儿童财商启蒙课。
- 用好三个存钱罐——储蓄、花费和给予，培养孩子正确的金钱观、财富观，让孩子迈出实现财富自由的第一步。

- 微博超级话题榜，90 家媒体竞相转载的父母养娃指南。
- 每天 15 分钟全心全意陪孩子玩，助你成为游刃有余的职场父母，给予孩子高质量陪伴。